부동산
재벌들

The Way to Be
a Real Estate Millionaire

평범했던 그들의
인생을 바꾼 부동산 경매 강의

부동산
재벌들

고준석 지음

흐름출판

올바른 방향으로 간다면 결코 늦은 때는 없습니다

"OO아파트 입지가 좋다는데 사야 할까요?"

"부동산 하락장에 들어왔다는데 지금 입찰하면 안 되겠죠?"

"선생님. 강남에 괜찮은 꼬마빌딩이 나왔던데, 전망이 어떨까요?"

제가 부동산 재테크 강의를 한지도 20여 년이 넘습니다. 강산이 두 번이 바뀌었지만 강의가 끝나고 나면 비슷한 질문들이 쏟아집니다. 하나라도 더 알고자 하는 여러분들의 열정 담긴 질문과 초롱초롱한 눈빛은 여전히 저의 마음을 뛰게 합니다. 짧은 질문 하나에도 절박함이 담겨있기에 강의실 앞에서, 길에 서서 할 수 있는 데까지 설명을 드립니다.

그런데 이런 질문들은 주로 부동산을 언제 사고 언제 팔지(When)를 묻는 내용이 많습니다. 그래서 한편으론 아쉽기도 합니다. 정말 우리가 물어야 할 질문은 When(시점)보다 What입니다. What을 우리말로 바꾸면 '미래가치'가 됩니다. 저에게 "미래가치가 왜 중요하냐"고 물으면 미래가치가 부동산 재테크의 처음이자 끝이기 때문이라고 답하겠습니다. 미래가치를 강조한 데는 그만한 이유가 있습니다.

물리학의 아버지로 유명한 뉴턴은 20년 넘게 대영제국의 화폐를 생산하는 조폐국 국장으로 일했습니다. 당대 최고의 지식인으로 명성이 자자한 데다 조폐국 국장으로 일할 만큼 경제 지식도 갖췄으니 투자에 대해서도 자신이 있었겠지요. 그러나 그는 말년에 부동산 투자로 치자면 기획부동산 같은 투자 열풍에 휩쓸려 재산의 80%를 한 번에 날려버립니다. 이때 그가 남긴 유명한 말이 있습니다.

"내가 천체의 움직임은 계산할 수 있어도, 인간의 광기는 도저히 계산 못 하겠다."

뉴턴의 사례는 우리 주변에서 얼마든지 찾아볼 수 있습니다. 투자 광풍에 휩쓸리거나, 소위 전문가들이 찍어주는 땅이라는 말만 믿고 투자하거나, 한두 번의 성공에 취한 나머지 자신의 감만 믿다가 실패하는 사람들이 얼마나 많습니까? 반대의 경우도 있습니다. 머뭇거리다가 투자의 적기를 놓치거나 부동산 하락 신화를 믿다가 낭패를 본 이들의 사연도 안타깝긴 마찬가지입니다.

입지, 시점 같은 거시적 지표에 휘둘리지 말아야 합니다. 물건 하나하나에 집중해 그 물건의 미래가치를 기반으로 한 투자를 해야 합니다. 그래야 지속가능한 투자가 가능하고 이렇게 차곡차곡 불어난

부를 통해 경제적 자유를 얻을 수 있습니다.

우리나라 부동산 시장은 지금까지 여러 번 부침을 겪어 왔습니다. 제가 1990년 은행에 입사할 당시에는 부동산 시장은 최고가를 기록하면서 활화산 상태였습니다. 이후 강남 개발과 분당, 일산 등 1기 신도시 주택 공급의 영향으로 급등했던 가격이 안정되면서 시장은 휴화산 상태를 맞이하게 됩니다.

그런데 IMF는 시장의 모든 것을 바꿔 놓았습니다. 얼마나 부동산 가격이 떨어지던지 신축 아파트가 경품 행사 상품으로 등장할 정도였습니다. 하지만 IMF가 끝나기가 무섭게 전 세계적인 닷컴 열풍과 함께 상황은 다시 급변합니다. 강남불패란 말이 연일 언론에 등장하며 하루에도 호가가 수천만원씩 오르는 부동산 불장 시기를 맞이하게 됩니다. 이때 묻지마 투자에 휩쓸려 평생 한 번도 가보지도 않은 지역의 아파트, 빌라, 땅에 덮어놓고 투자하는 일이 비일비재했습니다.

끝없이 오를 것만 갔던 부동산 시장은 그러나 2008년 서브프라임 모기지 사태의 여파로 한순간에 내려앉습니다. 부동산 시대는 끝났다는 말이 진리로 받아들여졌고, 트로이의 멸망을 예언한 카산드라 같은 부동산 값 폭락 예언가들이 전문가로 대접받기도 했지요. 하지만 그 후 어떻게 됐나요? 국내의 부동산 시장은 공급부족과 전 세계적인 유동성 파티 속에서 그 어느 때보다 가파르게 상승합니다. 부동산은 곧 투기라며 외면했던 이들도 '영끌', '빚투'를 해서라도 부동산 열차 탑승하려 했습니다.

주식시장처럼 부동산 시장도 상승하는 시기가 있고, 하락하는 시기가 있습니다. 유망한 주식 종목이 있는 것처럼 부동산 시장도 뜨는 지역이 있고 하락하는 지역이 있습니다. 언제나 오르는 시점과 지역을 맞출 수 있다면 좋겠지만, 과연 가능할까요?

단언컨대 쉽지 않습니다. 그것도 남들보다 앞서서 맞추기란 거의 불가능에 가깝습니다. 설령 한두 번 성공하더라도 단 한 번의 오판으로 모든 것을 잃을 수 있습니다. 뉴턴처럼 말이죠.

"그래서 당신은 대안이 있느냐?"고 물으신다면, 그 해법이 바로 이 책에서 소개한 부동산 재벌들의 투자 마인드와 부동산 경매 투자법입니다.

1994년 신한은행 부동산 부서로 발령받은 저는 IMF의 한파가 몰아치던 때에 전국 곳곳의 부동산 매물을 평가하고 2,000건 이상을 직접 경매에 부치며 부동산 경매의 묘미를 깨달았습니다. 이때의 경험을 바탕으로 1999년부터 2001년까지 800억원이 넘는 부동산 경매 대출을 유치했습니다. 이후 우리나라 금융기관 최초로 부동산 전문 프라이빗 뱅커(PB)가 됩니다. 갤러리아팰리스지점장, 청담역지점장, 동부이촌동지점장을 거쳐 금융자산 50억원 이상의 고객을 관리하는 신한PWM프리빌리지서울센터장, 부동산투자자문센터장으로 일했습니다. 실무를 뒷받침하기 위해 2005년 동국대학교에서 법학박사 학위를 받았고 지난해(2021년)까지 대학원에서 학생들을 가

르쳤습니다. 저의 부동산 강의를 들으신 분들만 해도 수천 명은 넘으실 겁니다.

저의 이력을 이렇게 읊어드린 것은 자랑하려는 목적이 아닙니다. 세상에는 정말 숨은 고수들이 많습니다. 오직 부동산만을 생각해온 그 축적의 시간 동안 수많은 부동산 고수들을 만났고 그들과 전국을 누비며 수천 건의 물건들을 살펴보았습니다. 이들 중에는 물려받은 재산이 많아서 투자 규모 자체가 다른 분들도 있었습니다. 그러나 한 푼 두 푼 아끼고 모은 종잣돈을 발판 삼아 경매와 투자를 통해 차곡차곡 부를 쌓은 평범한 분들이 더 많았습니다.

저는 이분들이 꿈에 그리던 내 집 마련을 하고, 노후를 책임질 수익형 부동산을 장만하고, 은퇴의 터전이 될 땅을 마련하는 것을 도와드리며 함께 성장해 왔습니다.

이 책에는 제가 부동산 재벌들과의 만남을 통해 평생 갈고 닦은 '위험은 피하고 미래가치는 읽어내는 부동산 경매 비법'이 담겨 있습니다. 부동산 재테크를 통해 부를 일군 이들은 시류에 흔들리지 않습니다. 소위 전문가라고 하는 분들이 찍어주는 곳을 불나방처럼 쫓지도 않습니다. 가격이 내리기를 기다리지도 않습니다.

대신 개별 물건의 특성을 파악하고, 현장탐방을 통해 미래가치를 읽어냅니다. 이를 통해 남들이 다 외면하는 돌산을 옥토로, 쓰러져가는 모텔을 입주 대기자가 넘쳐나는 빌라로 만들었습니다. 평범했던 그들이 한 일이라면 당신도 할 수 있습니다.

책을 쓰면서 처음 부동산 경매를 시작하는 분들도 쉽게 공부할 수 있도록 어려운 개념은 최대한 배제하고 투자자(매수자) 입장에서 사례 중심으로 엮었습니다. 1강에서는 평범한 사람들의 인생을 바꾼 부동산 재벌 마인드를 소개합니다. 부동산 재벌들은 진흙 속에서도 진주를 찾아내는 인내를 갖추고 있으며 분명한 투자 목적을 갖고 있어서 시류에 흔들리지 않습니다. 2강부터는 본격적으로 부동산 경매를 다룹니다. 부동산 경매 초심자들이 가장 어려워하는 권리분석을 쉽게 끝내는 법, 권리분석으로 다 찾아낼 수 없는 미래가치를 읽어내는 법 등을 다양한 실전 사례를 통해 소개합니다. 강의를 따라오다 보면 마치 내가 경매에 직접 참여하고 있다는 느낌이 들 것입니다. 마지막으로 가장 관심이 높은 아파트, 수익형 부동산, 땅 투자를 할 때 꼭 알아 둬야 할 내용들을 모았습니다.

저와 함께 공부를 하시기 전에 한 가지 강조하고 싶은 것이 있습니다. 경제적 자유를 얻고 싶다면 부를 경멸해선 안 됩니다. 그리고 현실이 내 마음 같지 않더라도 포기만 하지 말았으면 좋겠습니다. 낮에는 직장생활을 하거나 자영업을 하면서도 밤에 부동산 경매 공부를 하고 주말이면 혼자서 또는 부부가 함께 현장탐방을 나가며 부에 대한 열망을 키운 이들이 100억원 이상의 부동산 재벌이 되는 것을 저는 수없이 목격했습니다. 5년 후, 10년 후 당신도 그렇게 할 수 있습니다. 올바른 방법을 믿고 가면 됩니다. 부동산 경매는 절대 여러분을 배신하지 않습니다.

마지막으로 이번 책을 집필할 수 있도록 많은 힘이 되어준 사랑하는 아내 이경아, 믿음직스러운 큰 아들 고영재, 귀염둥이 둘째 아들 고영서. 그리고 곽양심 장모님과 고금석 형님. 고삼석, 고완석 아우님들께 감사의 말씀을 드립니다.

또한 저의 열정을 발휘할 수 있도록 아낌없는 성원과 격려를 해주신 신한금융지주 조용병 회장님, 신한은행 진옥동 은행장님, 이영진 팀장, 우병탁 팀장(세무사), 동국대학교 대학원 제자들, 네이버 고부자 팬카페 회원님들, 유튜브 고부자 구독자님들, 홈페이지 회원님들. 유정현 대표님과 흐름출판사 식구들에게 거듭 감사드립니다.

2022년 9월 가을에
고준석 올림

차례

강의를 시작하며 : 올바른 방향으로 간다면 결코 늦은 때는 없습니다   ⋯ 5
알아두면 힘이 되는 부동산 정보 사이트   ⋯ 14

1강 · 왜 부동산 경매인가

1. 내가 부동산 경매를 권유하는 이유   ⋯ 23
2. 부동산 재벌 마인드 ① 시류에 휩쓸리지 않는다   ⋯ 34
3. 부동산 재벌 마인드 ② 첫째도 둘째도 미래가치를 본다   ⋯ 41
4. 부동산 재벌 마인드 ③ 목표를 분명히 한다   ⋯ 45
5. 부동산 재벌 마인드 ④ 기대수익을 세운다   ⋯ 50
6. 부동산 재벌 마인드 ⑤ 현장에서 답을 찾는다   ⋯ 56
7. 부동산 재벌 마인드 ⑥ 오직 투자자 입장에서 생각한다   ⋯ 60

2강 · 권리분석 : 세상에서 가장 쉬운 권리분석의 모든 것

1. 한눈에 살펴보는 경매 절차   ⋯ 67
2. 3분이면 끝나는 기준권리 찾기   ⋯ 81
3. 이것만은 조심하자 ① 대위변제   ⋯ 95
4. 이것만은 조심하자 ② 전 소유자의 가압류   ⋯ 100
5. 이것만은 조심하자 ③ 조세채권   ⋯ 103

3강 · 선순위 권리들 : 권리분석으로 숨은 미래가치를 찾는 법

1. 약이 되는 임차인, 독이 되는 임차인_ 선순위 임차인 ··· 111
2. 돈이 되는 가등기는 따로 있다_ 선순위 가등기 ··· 128
3. 헷갈리는 선순위 지상권 ··· 135
4. 요역지와 승역지를 구분하라_ 선순위 지역권 ··· 141
5. 선순위 가처분도 소멸할 수 있다 ··· 144
6. 이것만은 조심하자 ④ 선순위 전세권 ··· 147
7. 이것만은 조심하자 ⑤ 선순위 임차권 ··· 155
8. 이것만은 조심하자 ⑥ 선순위 환매특약 ··· 162

4강 · 공시되지 않는 권리들 : 현장탐방으로 골라내는 돈 되는 물건들

1. 유치권 ··· 167
2. 법정지상권 ··· 178
3. 관습법상 법정지상권 ··· 185
4. 분묘기지권 ··· 192
5. 알아두면 힘이 되는 그밖에 경매 사례들 ··· 197
   토지 또는 건물만 경매로 나온 경우 / 제시외 건물 /
   농지취득자격증명 / 수목 · 천연과실 / 지분경매
6. 부동산 경매로 하는 갭투자 ··· 211

5강 · 아파트, 수익형 부동산에서 토지까지 유형별 투자법

1. 아파트 투자 ··· 221
2. 수익형 부동산 투자 ··· 230
3. 토지 투자 ··· 243

알아두면 힘이 되는
부동산 정보 사이트

"부동산 경매 물건 정보는 어디서 볼 수 있을까"

"미래가치와 권리분석에 필요한 정보는 어디서 찾을 수 있을까"

답은 온라인에 있습니다. 경매 물건 검색부터 권리분석, 실거래가 등 부동산 관련 정보 모두를 거의 비용을 들이지 않고 온라인에서 찾을 수 있습니다.

포털 업체에서 제공하는 지도 서비스만 잘 활용해도 이전에는 현장답사에서나 확인 할 수 있던 정보를 상당부분 얻을 수 있습니다. 본격적인 공부에 앞서 부동산 경매 투자자가 알아두면 유용한 사이트를 소개합니다.

신한옥션SA (신한은행)

www.shinhanauctionsa.com

신한은행 부동산투자자문센터에서 운영하는 부동산 경매 플랫폼. 경
매물건의 복잡한 권리관계를 한눈에 확인할 수 있으며 대법원경매
정보, 대법원인터넷등기소, 토지이용규제정보서비스 등에서 제공하
는 각종 공부열람과 상세정보를 모아서 볼 수 있습니다. 여기에 모인
정보만 잘 활용해도 권리관계는 물론 미래가치 분석까지 할 수 있습
니다(제가 이 사이트를 만드는데 참여했다는 사실은 안 비밀입니다).
이 책은 신한옥션SA를 기준으로 부동산 사례를 소개하고 있습니다.

법원경매정보

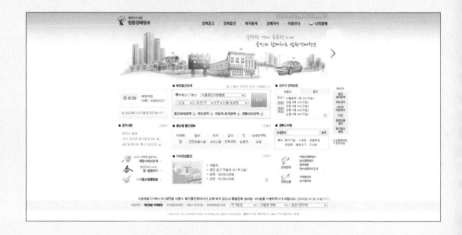

www.courtauction.go.kr

법원이 운영하는 경매 관련 사이트입니다. 경매 물건 검색이 가능하

며 집행 절차와 일정, 각종 감정평가서와 현황조사서 등을 무료로 열

람할 수 있습니다. 다만 유료 경매 플랫폼과 비교해 물건 분석이 구

체적이지 못합니다. 처음 부동산 경매를 공부하는 분들이라면 이곳에

올라온 정보들을 가볍게 살펴보는 것만으로도 도움이 됩니다.

법원인터넷등기소

www.iros.go.kr

부동산 등기부등본은 권리분석을 할 때 반드시 살펴봐야 하는 서류입니다. 법원인터넷등기소에서 24시간 언제라도 '등기사항전부증명서'을 열람할 수 있습니다. 아파트는 집합건물등기부, 땅은 토지등기부, 수익형 부동산은 토지 및 건물등기부 등을 통해 부동산의 현황과 기준권리를 확인할 수 있습니다.

토지e음

www.eum.go.kr

미래가치를 분석할 때 꼭 살펴봐야 하는 서류가 바로 토지이용계획 확인서입니다. 이를 통해 해당 토지의 용도지역, 용도지구, 용도구역 및 건폐율, 용적률 등을 파악할 수 있습니다. 또한 토지의 각종 행위 제한 및 규제 등의 정보를 제공합니다.

국토교통부 실거래가 공개시스템

rt.molit.go.kr

부동산 관련 기사를 보면 호가가 얼마 올랐다는 소식을 자주 접하게 됩니다. 호가는 실제 거래가격이 아닙니다. 경매를 위해서는 내가 입찰하려는 물건이 실제 얼마에 거래되는지 정확히 알아야 합니다. 국토교통부 실거래가 공개시스템을 통해 지역별 아파트, 다세대/연립, 다가구/다주택, 오피스텔, 분양/입주권, 상업/업무용 토지의 실거래 가격은 물론 거래량 추이, 전월세 거래량 등의 정보를 얻을 수 있습니다.

네이버 지도 map.naver.com

카카오 지도 map.kakao.com

개별 물건 분석에서 입지(立地, location)는 미래가치를 결정하는 핵심 요소 중 하나 입니다. 현장탐방을 가지 않아도 플랫폼에서 제공하는 지도를 통해 대략의 입지를 분석할 수 있습니다. 권리분석에 유용한 연도별 항공지도와 지적편집도 등도 확인할 수 있습니다.

1강

왜
부동산 경매인가

①
내가 부동산 경매를
권유하는 이유

"왜 부동산 경매에 관심을 가지게 되셨습니까?"

처음 제 수업을 들으러 오시는 분들에게 항상 이런 질문합니다. 그러면 주로 다음과 같이 답하는 분들이 많습니다.

"결혼을 앞두고 있는데 내 집을 마련하기 위해서요."

"월세가 나오는 임대수익용 건물을 싸게 사고 싶어서요."

"은퇴자금을 투자할 곳을 찾습니다."

"곧 퇴직하는데 전원생활이 가능한 땅을 구입하고 싶어요."

그리고 저에게 주로 다음과 같은 되묻습니다.

"어느 동네 물건이 좋은가요?" "권리분석*이 어렵다는데 쉽게 하는 방법이 있나요?" "경매 절차가 어렵나요?" 주로 경매 절차나 개

---

* 부동산 경매에서 매물의 권리 상태를 파악하는 작업. 경매 낙찰과 함께 승계해야 하는 임대보증금, 가압류 등을 파악하고, 낙찰자가 별도로 내야 하는 금액이 얼마인지를 분석하는 과정이다.

별 물건을 분석하는 법을 궁금해 합니다. 당연히 알아야 하는 내용들입니다. 이에 대해서는 앞으로 꼼꼼하게 설명하겠습니다.

하지만 '내가 피땀 흘려 모은 종자돈'을 투자한다면, 그 투자처가 유망한지부터 살펴봐야 하지 않겠습니까. 아시다시피 주식 시장에는 상승장과 하락장이 번갈아 옵니다. 부동산 시장도 속된 말로 꼭지가 있다면 바닥이 있습니다.

부동산은 무조건 오른다. 부동산 경매로 무조건 돈을 벌 수 있다고 주장하는 소위 '전문가'가 있다면, 믿어서는 안 됩니다. 설혹 대세 상승장이라도 하더라도 지역, 물건, 상황에 따라 부동산의 가치는 천차만별입니다. 흔히 부동산 경매를 공부한다고 하면 권리분석이나 '임장'으로 불리는 현장탐방의 중요성을 강조합니다. 맞습니다. 하지만 그보다 더 중요한 것이 있습니다.

바로 미래가치입니다. 부동산 경매의 묘미는 시세보다 낮게 사서 차익을 실현하는 데 있습니다. 따라서 가격에 비해 미래가치가 낮은 물건을 찾아내어 투자하는 안목을 키우는 것이 부동산 경매 공부의 시작과 끝입니다.

부동산 경매의 매력

본격적인 부동산 경매 공부를 시작하기 전에 부동산 경매 시장의 규모와 매력을 알아보겠습니다.

점심시간에 어느 식당이 음식을 맛있게 하는지 모를 때 가장 좋은 방법은 무엇일까요? 어느 식당에 손님이 가장 많고 줄을 섰는지 보면 되겠죠. 이런 관점에서 부동산 투자, 부동산 경매 시장의 규모를 살펴보겠습니다.

부동산 투자 방법은 크게 3가지로 나뉩니다.

첫째, 직접 부동산을 사고파는 것.

둘째, 간접 상품에 투자하는 법. 직접 부동산을 매매하는 방법은 따로 설명을 드릴 필요가 없을 테고요. 최근 유행하는 리츠, 펀드 형식의 부동산 상품이 간접 투자에 해당합니다.

셋째, 부동산 경매.

부동산 시장의 규모를 살펴봅시다. 부동산 매매에는 아파트, 오피스텔, 상가, 땅(땅에도 참 여러 종류가 있지만 일단 크게 보고 땅이라 하겠습니다) 등 그 종류가 다양합니다. 이 중 일반 투자자들의 관심이 가장 높은 아파트 시장 규모는 2021년 추정치로 약 한 3,000조 원 가량 됩니다.

3,000조 원 이라고 하면 감이 안 옵니다. 이럴 때는 다른 투자 시장과 비교해 보면 좋습니다. 우리나라 주식시장인 코스피 지수가 3,000이라고 가정할 때 우리나라 상장 기업을 돈으로 다 살 수 있는 금액이 대략 1,500조 원 정도입니다. 이렇게 비교해보면 우리나라 아파트 시장의 규모가 상당하다는 것을 알 수 있습니다. 오피스텔, 상가, 땅까지 합치면 부동산 시장의 규모는 더 커지겠지요.

부동산 간접 투자 시장인 부동산 펀드 시장은 그 규모가 약 100조 원 정도 됩니다. 최근 주목받고 있는 리츠(REITs) 시장은 약 40조 정도 됩니다. 아파트 거래 규모에 비해서는 크지 않지만 그래도 둘이 합치면 140조나 됩니다.

여기에 비해 부동산 경매 시장은 규모가 작은 편입니다. 부동산 경매 시장의 규모는 우리나라 법원에서 진행되고 있는 경매 부동산의 총 가격을 합하면 알 수 있습니다. 2021년 기준 부동산 경매 시장의 규모는 1차 법원 감정가액으로 약 27조 5,600억원. 경매 건수는 약 6만 9,697건 정도입니다. 숫자만으로 본다면 금액이 부동산 매매, 간접투자 시장보다 크지 않고, 거래건수도 적으니 매력적인 투자처로 보이지 않습니다.

그러나 부동산 경매의 매력은 규모에 있지 않습니다.

예를 들어봅시다. 2020년 8월 서울 수색13구역에 아파트 분양이 있었습니다. 분양 평균 경쟁률은 35대 1입니다. 중소형 중 최고 경쟁률은 1,000대 1이 넘었습니다. 말이 35대 1이지 청약가점 등 여러 가지 요소를 따지면 경쟁률이 의미 없다는 것을 청약을 해보신 분들은 잘 아실 겁니다.

자, 그러면 부동산 경매 경쟁률은 어느 정도 될까요? 2021년 전국 아파트 경매 평균 경쟁률은 대략 6.24대 1입니다. 청약보다는 경매로 아파트를 구입하는 것이 훨씬 쉬워 보이지 않습니까. 물론 경매 물건을 분석하고 발품을 팔아야겠지만 6.24대 1이라는 경쟁률은 부동산 청약 통장 무용론이 대세인 요즘 시대에, 참 매력적입니다.

이게 끝이 아닙니다. 경매의 진짜 매력은 가격에 있습니다.

경매를 통해 입찰자가 낙찰 받은 금액을 말하는 매각가율*의 평균을 보면 아파트가 시세의 94.17% 선입니다. 이는 아파트 감정 당시 시세보다 5~6% 싸게 구매했다는 의미입니다. 시장 가격보다도 더 싸게 부동산을 살 수 있다는 점이 부동산 경매의 매력입니다. 일반적으로 아파트 가격이 상승할 때에는 경매로 더 싸게 아파트를 매수할 수 있습니다. 왜냐하면 아파트 감정 시점과 매각하는 시점이 최소 6개월 이상 차이가 나기 때문입니다.

그래서 내 집 마련을 계획 중인 분들에게 항상 경매로 집을 사라고 조언합니다. 경쟁률도 낮고 시장 가격보다 싸게 살 수 있으니까요. 청약가점 같은 복잡한 조건도 붙지 않습니다. 물론 경매 절차를 공부하고 물건에 대한 권리분석과 미래가치에 대한 안목을 높여야겠지만 한번 부동산 경매를 배우게 되면 재테크를 위한 무기가 하나 생기는 셈이니 아까운 투자가 아닙니다.

그런데 이렇게 물어보시는 분이 있을 겁니다.

"부동산 경매가 그렇게 매력적인데 왜 경쟁률이 높지 않나요?"

이유가 있습니다. 부동산 경매에는 여러 벽들이 존재합니다(물론 저는 이 벽들을 벽이라고 생각하지 않습니다). 그중 가장 대표적인 벽이 권리분석입니다. 나름의 포부를 갖고 경매 공부를 시작한 분들도 권리분석을 배울 때면 근저당권, 가압류, 담보가등기, 유치권 등 복잡한 법률용어를 접하는 순간 숨이 턱 막힌다고 합니다.

---

* 부동산 경매 감정가 대비 실제 낙찰된 금액의 비율을 말한다. 일반적으로 낙찰가격은 감정가격에 비해 낮지만, 간혹 매각가율이 100%를 넘는 즉, 낙찰가격이 감정가격보다 높은 물건도 있다.

복잡한 경매 절차도 벽으로 보입니다. 경매에 참여해 낙찰을 받아도 유치권* 분쟁을 겪거나 분묘기지권** 등이 재산권 행사에 발목을 잡는 경우를 생각하면 부동산 경매는 시간 많고, 여유 많은 사람들이나 하는 '그들만의 리그'같아 보입니다.

걱정마십시오. 저와 함께 부동산 경매를 투자자의 시선으로 바라보면 이런 벽들은 모두 지나친 걱정이라는 사실을 알게 될 겁니다. 오히려 이런 벽 아닌 벽들이 부동산 경매 참여자들에게는 블루오션을 만들어 줍니다.

다시 경쟁률로 이야기로 돌아가 보죠. 아파트 경매 평균 경쟁률이 6.24대 1이라고 말씀드렸습니다. 그럼 단독주택은 얼마정도 될까요? 3.39대 1입니다. 다가구는 3.89대 1 수준이에요.

전체 평균 말고 서울 지역만 살펴볼까요. 2021년 서울 지역 통계를 보겠습니다. 서울 지역에서 1년 동안 진행된 아파트 경매는 총 729건입니다. 천 건이 안 되죠? 그럼에도 불구하고 경쟁률은 6.22명 대 1 밖에 안 됩니다. 청약 경쟁률 보다는 확실히 이점이 있습니다.

부동산 경매의 장점은 시세 보다 싸게 살 수 있다는 것입니다. 거기다 청약에 비해 경쟁률이 낮다. 이게 바로 부동산 경매의 매력입니다. 이를 알기 때문에 많은 부동산 재벌들과 재테크 고수들은 지

---

* 타인의 물건을 '합법적'으로 점유한 자가 그 물건에서 발생하는 채권을 가지고 있는 경우에 그 채권을 변제받을 때까지 그 물건을 유치할 수 있는 권리를 말한다. 경매 입찰자는 유치권을 주장하는 사람의 권리가 '합법적'인지 분석해야 한다.

** 타인의 토지에 무덤을 뜻하는 분묘를 자가 분묘가 점하고 있는 부분의 이용을 토지 소유주에게 주장할 수 있는 권리를 말한다.

금도 부동산 경매에 나온 물건들을 살펴보고 있습니다.

경매의 시작과 끝, 미래가치

경매는 시세보다 10~30% 정도는 싸게 살 수도 있다는 것이 가장 큰 장점입니다. 그러나 경매물건을 싸게 매수했다고 해서 무조건 성공은 아닙니다.

경매로 수익을 내기 위해서는 2가지 사항이 전제되어야 합니다.

첫째, 경매물건에 관한 정확한 정보를 얻어야 한다.
둘째, 무엇보다 미래가치 있는 물건을 찾아야 한다.

위의 2가지가 충족되지 않으면 낙찰 받아도 손해를 볼 수 있습니다. 하나씩 살펴봅시다.

첫째, 경매물건에 관한 정확한 정보가 필요합니다.
언제 어떤 부동산이 얼마에 경매가 진행되지 알아야 하며 경매물건의 현황뿐만 아니라 부동산을 둘러싼 주변 환경의 장단점도 파악해야 합니다. 정보를 얻는 방법은 의외로 간단합니다. 기본적인 정보는 대법원 사이트에서 얻을 수 있습니다. 좀더 자세한 정보가 필요한 경우 신한옥션SA 같은 경매 전문 사이트를 이용하면 됩니다.

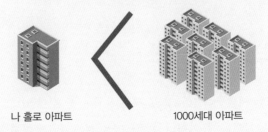

같은 지역이라도 미래가치는 다르다

나 홀로 아파트 < 1000세대 아파트

경매 전문 사이트의 경우 유료로 운영되는 곳이 많으니 나에게 맞는 곳을 잘 찾아야 합니다(경매정보도 일종의 정보입니다. 정보에는 거기에 맞는 가격을 지불해야 한다는 점을 기억합시다).

두번째는 미래가치입니다.

미래가치는 크게 자본수익과 임대수익으로 나뉩니다. 수많은 물건 중에서 이 2가지의 전망이 밝은 물건을 골라내야 합니다. 물건마다 미래가치는 다릅니다. 가장 대표적인 경매물건인 아파트와 주택(다가구, 다세대)을 예로 들어봅시다.

아파트의 경우, 같은 지역에 있더라도 나홀로 아파트보다 1,000세대 이상 되는 아파트 단지가 미래가치는 좋습니다. 여기에 교육환경은 미래가치에 있어 매우 중요한 요소입니다. 따라서 아파트 단지 주변에 도보로 등하교가 가능한 초·중고등학교를 비롯한 학교와 학원가가 자리하고 있는지 꼭 확인해야 합니다. 또한 대형마트, 백화점, 도서관, 종합병원 등 편의시설과의 거리도 따져야 합니다. 교통환경도 빼놓을 수 없습니다. 초역세권(역에서 5분 이내)에 위치한 아파트가 당연히 미래가치가 높고, 2개 이상의 지하철역에 인접한 더블 역세권이라면 금상첨화입니다.

최근에는 자연환경도 중요한 고려 대상입니다. 예를 들어 서울의 아파트 중에 높은 가격대가 형성된 곳은 어디일까요? 한강둔치를 비롯해 양재천, 반포천, 올림픽공원, 서울숲 주변에 포진한 아파트 단지의 미래가치가 상대적으로 높습니다.

주택의 미래가치는 같은 지역이라면, 용적률이 결정합니다. 용적률은 제1·2종일반주거지역보다, 제3종일반주거지역 또는 준주거지역이 유리합니다. 그래야 신축, 증·개축을 통해 자본수익을 올릴 수 있습니다.

다가구·다세대주택은 신축한지 5년이 지나지 않아야 좋습니다. 주택은 오래될수록 수리비가 추가로 들어갑니다. 여기에 아파트와 마찬가지로 교육환경, 편의시설, 교통환경, 자연환경까지도 꼼꼼히 살펴봐야 합니다.

경매 초보자의 경우에는 아파트 경매로 시작하는 것을 권합니다. 주택에 비해 아파트는 평균적으로 자본수익률이 높습니다. 권리분석도 비교적 간단합니다.

"직장을 다녀서 경매 당일 참석이 어렵습니다"

중학교 교사인 P씨는 결혼한 지 7년이 지났지만 전셋집에 살고 있다. 항상 넉넉하지 못한 종자돈 때문에 여러 번 내 집 마련의 기회를 놓치고 말았다. 그렇다고 부족한 종자돈 타령만 하며 마냥 내 집 마련을 미뤄둘 수는 없는 노릇이었다. 그래서 경매를 통해 내 집 마련을 준비 중에 적당한 물건을 발견했다.

1차까지 유찰된 아파트였다. 등기부를 확인해 보니, 권리분석은 간단했다. 1순위 근저당권, 2순위 근저당권, 3순위 경매개시결정 순이었다. 모든 권리는 경매로 소멸된다. 소유자가 거주하고 있어 임차인 문제도 없는 깔끔한 물건이었다.

P씨는 남편과 밤샘토론 끝에 경매에 참가하기로 결정했다. 그런데 처음 입찰에 참여하려고 보니, 학교 수업 때문에 직접 경매에 참여하지 못할 수도 있는 상황이었다. 경매 당일 직접 법원에 가기 힘든 직장인들은 어떻게 해야 할까?

경매는 대리인을 통해 참여가 가능합니다. 대리인의 자격에는 제한이 없습니다. 대리인이 반드시 변호사 등 일정한 자격증을 갖춘 사람일 필요도 없습니다.

대리인은 경매 당일, 대리권을 증명할 수 있는 문서(위임장, 인감증명서)를 집행관에게 제출하면 대신하여 경매에 참여할 수 있습니다 (경매 절차에 대해서는 2강에서 상세히 소개합니다). P씨는 경매 당일, 남편이 연차를 내고 대리인으로 경매에 참석했고, 꿈에 그리던 아파트를 낙찰 받았습니다.

여기서 한가지 더 질문, "경매에 참여할 때 배우자와 공동으로 입찰이 가능할까요?" 배우자와 공동명의로 경매에 참여할 수 있습니다. 이것을 공동입찰신청이라고 합니다. 배우자와 공동명의로 경매를 할 때에는 입찰표에 부동산에 대한 각자의 지분을 분명하게 표시해야 합니다. 만약 각자의 지분을 표시하지 않은 경우에는 같은 비율(50대 50)로 취득한 것으로 봅니다.

②
부동산 재벌 마인드 1
시류에
휩쓸리지 않는다

은행을 다니던 1994년부터 부동산과 인연을 맺었습니다. 처음 5년 동안은 2,000여 건의 경매물건을 취급하면서 전국을 누볐습니다. 2002년에는 금융기관 최초의 부동산 전문 프라이빗 뱅커가 됐습니다. 부동산 경매를 하면서 다양한 분들을 만났고 지금도 매일 부동산을 매개로 사람들을 만납니다. 이 중에는 유명한 기업가나 전문직에 종사하는 분들도 있지만, 내 집 마련을 목표로 하는 직장인, 작은 가계를 찾던 자영업자 분들도 계십니다.

다양한 배경만큼 경매를 처음 시작할 때는 각자의 사정과 종잣돈의 규모는 달랐습니다. 하지만 배움과 가진 것과 상관없이 이 분들 중에 부동산 재벌들이 나왔고 앞으로도 나올 겁니다. 그럼 경매로 부를 쌓은 이들, 부동산 재벌은 무엇이 다를까요?

1903년 뉴욕타임스에 사설이 하나 실립니다. 이 사설은 '100년 후에도 인간은 하늘을 날 수 없다'라고 쓰여 있습니다. 아시는 것처럼 2년 뒤인 1905년 라이트 형제는 1,000회가 넘는 실험 끝에 비행에 성공합니다. 무려 1,000회를 실험을 했다는 거예요. 부동산 경매도 이와 같습니다.

첫술에 배부를 수 없습니다. '권리분석이 너무 어려워' '입찰을 해도 매번 떨어져' 낙담할 수 있습니다. 시작 전부터 겁이 납니다. 당연합니다. 내 피땀이 들어간 돈이 걸려 있는 문제니까요. 그러나 많은 사람들이 부동산 경매를 통해 부를 이뤘습니다.

나와는 너무 먼 이야기 같다면 '나는 경매로 내 집을 싸게 사겠다'란 목표를 가지고 경매 공부를 해봅시다. 저와 함께 이 책을 끝까지 따라가시면 충분히 가능합니다.

지금부터는 경매로 경제적 자유를 쟁취한 사람들 관점에서 경매 시장을 들여다보겠습니다. 투자에 성공하려면 기술, 정보만큼 중요한 것이 마인드와 멘탈입니다.

부동산 재벌들은 시장을 두려워 하지 않습니다. 지난 2020년 서울 지역 아파트 평균 경매의 매각가율이 100%를 넘었습니다. 이는 감정가보다 더 높은 가격에 낙찰받았다는 뜻입니다. 왜 시장 시세보다 비싸게 아파트를 낙찰받은 걸까요? 여기에는 시차의 함정이 있습니다. 경매는 가격이 매겨지는 시점과 매각하는 시점에 시간 차이가 있습니다. 부동산 경매는 민사집행법에 의해서 진행되는 행정 절차입니다. 경매를 신청해서 매각이 될 때까지 적어도 6개월에서 1년 이상의 시간이 필요합니다.

예를 들어 보겠습니다. 2020년 1월에 서초동에 있는 아파트에 대한 경매를 신청이 이뤄집니다. 그러면 법원에서는 경매개시결정*을 내립니다. 경매개시결정이 떨어지면 해당 물건 등기부에 경매개시결정을 등기하게 됩니다.

등기가 되면 법원은 경매에 필요한 정보를 조사합니다. 임차인이 있는지 살펴보고 시장 가격을 토대로 해당 물건의 감정 가격을 매깁니다. 경매를 통해 돈을 회수해야하는 채권자들에 대해서도 조사합니다. 이런 제반 절차를 거친 후 첫 번째 경매가 진행되는 시점이 매각기일이 됩니다. 여기까지의 절차가 대략 3개월에서 6개월 정도 소요됩니다.

만약 첫 번째 경매에서 유찰되면 1~2개월 후에 다시 새로운 매각기일 즉, 2차 경매에 붙여집니다. 또 유찰되면 또 그 기간만큼 낙찰까지 시간이 걸리고, 감정 가격은 떨어집니다. 물건을 살펴보면 몇 번 유찰을 거쳐 1년 이상 경매가 진행되는 경우도 있습니다.

그런데 2020년 이후 부동산 시장의 흐름이 어떠했나요? 1월보다 6월의 아파트 가격이 얼마나 올랐는지 굳이 설명을 드리지 않아도 아실 겁니다. 쉽게 말해 1월 감정가액이 1억원이라고 하면 6월에 있는 부동산 경매의 시작 가격은 1억원이지만 실제 시장 거래 가격은

---

* 경매 신청 접수가 완료되고, 경매를 집행하는데 문제가 없다고 판단되면 이를 법률적으로 진행하기 위한 사전조치로 경매개시결정을 내린다. 이때부터는 부동산을 타인에게 양도하거나 담보권을 설정하는 등의 행위는 제한된다. 다만. 부동산과 관련된 이해관계인이라면 이의신청을 할 수 있다.

몇 십 퍼센트 이상 올라 있을 수도 있습니다. 당연히 입찰가격은 감정가격보다 높은 선에서 결정됩니다. 그럼에도 6월까지 상승한 가격보다 입찰가격은 낮습니다. 감정가 보다 입찰가격이 높은 이유가 여기에 있습니다.

그런데 잘 알아두셔야 되는 점이 있습니다. 일반적으로 언론이나 미디어에서 "부동산 가격이 오른다. 내린다"는 소식은 우리나라 부동산 시장에서 아파트 시장의 흐름을 두고 말하는 경우가 많습니다.

경매물건에는 아파트만 있는 게 아닙니다. 상가도 있고, 토지도 있고, 오피스텔도 있습니다. 꼬마빌딩도 있고요. 여러 가지 부동산 종류가 있는데 아파트 가격이 올라간다고 해서 상가건물도 같이 올라가는 것은 아닙니다. 올라간다 하더라도 지역마다 상승률이 제각각입니다.

하락장일때도 마찬가지 입니다. 아파트 가격이 떨어진다고 해서 상가의 가격이 같이 떨어지지는 않습니다. 마찬가지로 서울의 집값이 올라간다고 해서 지방의 집값이 올라가는 것은 아닙니다. 부동산 시장이 상승세라도 모든 부동산 가격이 다 오르는 것은 아니며 떨어진다고 해서 모두 내리지는 않습니다. 따라서, 시류에 휩쓸리지 말고 개별 물건을 차분히 분석하면 하락장에서 오히려 큰 기회를 잡을 수 있습니다. 이는 개별성*과 부동성**이라는 부동산의 자연적 특성 때문입니다.

---

*   모든 부동산은 각각의 독특한 개성을 가지고 있다는 뜻이다.

**   부동산은 움직이지 않는 성질을 가지고 있다. 즉 부동산(토지)의 위치는 사람의 힘으로 이동할 수 없다는 뜻이다.

내 집 마련을 위한 조언

올해 36세인 K씨는 3년 전부터 몇 차례 내 집 마련할 기회를 놓치고 말았다. 당시는 아파트 가격이 연일 상승하던 때여서 K씨도 주말마다 발품을 팔아가며 아파트를 보러 다녔다. 그런데 마음에 드는 매물을 발견하고 계약을 체결하려고 하면 매도자가 다음날 가격을 수천 만원 씩 올리는 바람에 번번이 계약에 실패하고 말았다.

매번 허탕만 치는 자신과 달리 친구들이 하나둘 내 집 마련에 성공하는 것을 보면서 마음이 조급해졌다. 그런데 최근 들어 자신이 사는 지역의 아파트 가격이 하락세로 돌아서서 매수가 망설여진다. 아파트 가격이 상승할 때에는 매수하기가 어렵고 떨어진다는 소식이 들리면 손해를 볼까봐 걱정이 된다. 도대체 언제 내 집을 사야 할까?

내 집마련을 준비 중인 이들이 기억해야할 사항 3가지를 소개합니다.

첫째, 매수자 우위시장에서 매수해야 합니다.

상품은 가격이 올라갈 때보다, 떨어질 때 구매하는 것이 유리합니다. 내 집 마련도 예외는 아닙니다. 원칙적으로 아파트 가격이 하락할 때 매수하는 것이 좋습니다.

그런데 실수요자들은 가격이 하락할 때에는 내 집 마련에 나서지 않습니다. 아파트 가격이 더 떨어질 때까지 계속 기다립니다. 미분양 된 아파트는 외면해 버립니다. 그러다가 부동산 가격이 상승하면 조급한 마음에 서둘러 집을 보러 다닙니다. 부동산 투자를 통해 이익을 보려면 매수자 우위시장 즉 하락기에 사는 것이 정석입니다.

둘째, 종잣돈 규모에 맞게 매수해야 합니다.

내 집 마련은 종잣돈 규모에 맞게 계획을 세워야 합니다. 그러나 대출을 끼지 않고 아파트를 마련하기란 우리나라 현실에서 꿈 같은 일입니다. 그럼에도 무리한 대출은 피해야 합니다. 종잣돈이 부족한데도 특정 지역만 고집해 무리한 빚을 지지는 말아야 합니다. 예를 들어 죽어도 강남에 아파트를 장만해야 된다는 고집은 버리세요. 내 집 마련의 출발점은 현실을 그대로 인정하는 것입니다.

마찬가지로 내가 살고 싶은 지역의 부동산을 살만큼 돈이 없다고 해서 내 집 마련을 미루는 것도 맞지 않습니다. 종잣돈에 맞춰 무리하지 않은 선에서 적당한 매물을 찾아보는 노력을 기울여야 합니다.

셋째, 오늘의 가격을 인정하세요.

대부분의 실수요자들은 과거의 아파트 가격과 오늘의 가격을 비교합니다. 이런 마음가짐으로는 집을 사기 어렵습니다. 오늘의 가격을 인정해야 합니다. 가격보다 중요한 것은 미래가치입니다.

자금을 조달할 수 있는 실수요자가 부동산 가격이 더 떨어지기를 기다리다가 매수시점을 놓쳐서는 안 됩니다. 반면 봇물 터지듯 쏟아지는 부동산 정보에 현혹되어서도 안 됩니다. 거짓 정보를 그대로 믿었다가 손해를 당하는 일이 없어야 합니다. 경매, 매매 어느 방법이던 반드시 현장을 찾아서 주변을 살피고 미래가치를 따져야 합니다.

내 집 마련을 하루라도 빨리 하고 싶다면 핑계 뒤에 숨지 말아야 합니다. 또한 내 집 마련을 처삼촌 묘 벌초하듯, 남의 집 마련하듯 접근해서는 안 됩니다. 내 집 마련은 집안의 대소사 중에서 가장 먼저 1순위로 해결해야 할 문제라는 사실을 명심합시다.

부동산 재벌 마인드 2
첫째도 둘째도
미래가치를 본다

자. 그러면 어떤 경매 물건에 입찰해야 할까요? 그 판단 기준은 무엇일까요?

부동산 투자의 절대 기준은 '미래가치가 있느냐, 없느냐' 입니다.

권리분석을 잘해서 물건을 싸게 샀다고 합시다. 그런데 매수하고 난 후부터 가격이 오르지 않는다면 싸게 산 건 의미가 없습니다. 떨어지기라도 한다면 낭패입니다.

미래가치란 무엇일까요? 예를 들어 시세 1억인 아파트를 경매를 통해 9,000만원에 낙찰받았다면 성공일까요? 9,000만원에 산 아파트의 가격이 그때부터 오르지 않는다면 실패한 투자입니다. 간단하죠. 그런데 많은 사람들이 미래가치를 보지 못합니다. 대신 부동산 경매라고 하면 권리분석이 어려우니 권리분석하는 법부터 배워야 한다고 말합니다. 마치 자격증 시험 치듯이 들여다봅니다. 이 책에서도 2강에서 권리분석을 하는 법을 상세히 소개하겠지만 권리분석은 원리만 알면 쉽고 간단합니다. 공부에 왕도가 없다고 하지만 권리분석에는 왕도가 있습니다. 그러니 권리분석에 대해 장황하게 설명하는 소위 전문가가 있다면 믿지 마십시오. 투자자의 입장에서 권리분석을 해야 합니다. 그리고 권리분석의 목적은 어디까지나 미래가치를 제대로 아는데 있습니다.

안타깝게도 미래가치 보는 법은 하루아침에 길러지지 않습니다. 〈시경〉에 절차탁마(切磋琢磨)라는 사자성어가 나오는데요. 좋은 옥은 하루아침에 만들어지지 않는다는 거예요. 부동산 재벌들은 꾸준히 많은 물건들을 들여다봅니다. 경매에 참여하지 않더라도 각 물건의 경매 전후를 분석하고 가상으로 경매 가격을 매겨봅니다.

제가 운영하는 온라인 카페에는 제가 중요한 물건 정보를 올리면 회원분들이 각자가 생각하는 낙찰 가격을 예상해서 올리는 게시판이 있습니다. 일종의 연습인 셈이죠. 수학을 잘 하기 위해서는 문제를 많이 풀어봐야 하듯이 물건을 많이 보는 사람들이 미래가치를 잘 봅니다. 많이 들여다보는 만큼 많이 보입니다.

다시 강조하지만 경매를 공부할 때 권리분석의 방법론에 매몰되지 마십시오. 중요한 것은 미래가치를 보는 안목입니다. 미래가치가 있는 물건을 찾아서 그게 권리 상으로 이상이 없는지를 확인한 다음에 입찰에 참여하는 것, 이것이 정석입니다. 미래가치 분석을 통해 돌산을 금산으로 만든 사례를 소개합니다.

사례: 돌산이 금산이 되다

강원도 횡성에 사는 Y씨는 가난한 집의 장남으로 태어났습니다. 아버지마저 지병으로 일찍 돌아가신 탓에 초등학교 4학년 겨울방학이 시작될 무렵부터 신문배달을 하며 집안을 책임졌습니다. 그래도 학업을 포기하지 않고 일을 하며 어렵게 대학을 졸업하고 기업에 취직했습니다. 하지만 생활은 나아지지 않았습니다. 혼자 버는 월급으로 두 아이와 동생들 셋까지 책임져야 했습니다. 저축이나 투자는 엄두를 낼 수 없었습니다. 은퇴 이후의 삶은 생각해볼 수 없었습니다. 그에게 한 가지 꿈이 있다면 은퇴 후에는 고향으로 내려가서 펜션 사업을 하는 것이었습니다.

Y씨는 꿈을 이루기 위해 부동산 경매를 시작했습니다. 가진 돈도 부족했고, 경매도 잘 몰랐지만 반드시 성공하겠다는 다짐을 하고 공부를 했습니다.

마침내 기회가 찾아왔습니다. 2002년 월드컵으로 전국이 열광할 때, 횡성에 소재한 땅(전, 293,700㎡, 1차감정가 3억 6,000만원)이 경매로 나왔습니다.

당시 수중에 있는 돈이라고는 6,000만원이 전부. 감정가 3억 6,000만원이나 하는 경매물건은 그림의 떡이었습니다. 하지만 계속 관심을 갖고 지켜봤습니다.

그런데 1차부터 유찰되기 시작하더니 급기야 7차(7,549만원)까지 경매가 진행됐습니다. 권리분석을 해보니 깨끗한 땅이었습니다.

그런데 왜 7차까지 유찰됐을까? 장부상으로는 이유를 찾아볼 수 없었습니다. 현장탐방을 서너 번 다녀와서야 유찰된 까닭을 알 수 있었습니다. 물건의 지목은 전(田)이지만 실제로 가보니 자연석으로 가득 찬 돌밭이었습니다.

펜션을 운영하기에는 풍광이 좋아서 최적의 장소였지만 돌 때문에 집을 지을 수도 농사를 지을 수도 없는 땅이었습니다. 대부분의 사람이 땅을 보는 순간 실망을 하게 되는 그런 물건이었습니다. 그러나 Y씨는 달랐습니다. 그는 우선 자연석을 반출할 수 있는지 확인해보았습니다. 군청에 문의하니 가능하다는 답변이 왔습니다. 돌(자연석)을 반출하기 위해서는 형질변경을 해야 하는데 지목이 임야가 아닌 전이었기 때문에 가능했던 것입니다.

Y씨 외에는 아무도 관심을 갖지 않은 덕분에 8차 입찰에 단독으로 참여해 7,800만원에 낙찰 받았습니다. 부족한 돈(3,000만원)은 경매 대출로 메웠습니다.

소유권이전등기를 마치자마자 조경업자에게 돌(자연석)들을 5,000만원에 판매했습니다. 경매의 걸림돌이 됐던 돌이 현금이 되어 돌아온 것입니다. 이후 Y씨는 그 곳을 5년 정도 길을 닦으며 번듯한 전원주택, 펜션 단지로 조성했습니다. 여기에 그치지 않고 자신의 땅과 접한 국유림 330,578.51㎡(10만평)을 임차하여 장뇌삼을 심었습니다. Y씨의 안목과 노력 끝에 펜션 단지를 25억원에 매도하라는 제의도 받았습니다. 투자원금 대비 100배가 오른 것입니다.

④
부동산 재벌 마인드 3
목표를 분명히 한다

부동산 재벌들은 구체적인 목표를 세웁니다. 내 집 마련이면 내 집 마련, 꼬마빌딩 투자면 꼬마빌딩 투자, 목적을 분명히 세우고 거기에 합당한 경매 물건을 찾습니다.

'목표 세우기'는 부동산 경매에서 가장 중요한 출발점입니다.

요즘은 경매 물건을 손쉽게 검색할 수 있는 플랫폼들이 많습니다. 경매 플랫폼에 들어가서 물건들을 살펴보면 여러 번 유찰되어 실거래가보다 가격이 많이 떨어진 물건들이 눈에 들어옵니다. '오피스텔은 왜 이렇게 싸지?' 견물생심(見物生心)이란 말 아시죠. 이런 물건이 눈에 들어오면 내 집 마련을 하려고 경매를 공부하다가도 상가를 보게 됩니다. 오피스텔에 눈이 가기도 합니다. 생각보다 싼 물건을 발견하면 마치 로또 맞은 기분으로 덜컥 경매에 참여하기도 합니다. 이렇게 왔다갔다하면 안 됩니다. 경매의 목적을 잊지마십시오.

부동산 투자에서 가장 중요한 1차 목표는 무엇이 되어야 할까요? 1차 목표는 내 집 마련입니다. 내 집 마련이 끝나면 그 다음에 수익형 부동산을 목표로 세웁시다. 은퇴, 노후를 대비해서 매월 연금처럼 부동산으로부터 현금 흐름이 나올 수 있게 준비를 한다면 은퇴가 두렵지 않습니다.

그런데 내 집 마련도 안 된 분들이 꼬마빌딩, 수익형 부동산 또는 지방의 어느 땅이 계발된다는 소식을 듣고 현장으로 달려갑니다. 그렇게 해서는 안 됩니다. 만약 나는 집을 사는데 관심 없고 오직 상가에 투자하고 싶다면 그것도 좋습니다. 그때부터는 상가와 관련된 물건만 보실 것을 권합니다. 왔다갔다하면 시간만 지나가고 좋은 경매 물건 다 놓치게 됩니다. 목표를 잃지 않고 물건을 보다보면 절대로 남의 떡으로만 보이던 경매 물건에도 길이 보입니다. 사례를 하나 소개합니다.

사례: 목표가 분명하면 없던 길도 보인다

맞벌이 부부 A씨는 퇴근하면 백화점 문화센터로 가서 경매 강의를 들은 지 벌써 1년이 다되어 갑니다. 몇 달을 공부하며 서울의 아파트 물건을 살펴본 끝에 1차(6억 5,100만원) 매각기일을 앞두고 있는 아파트(서울동부지방법원 사건번호 2017-8658)에 도전하게 됐습니다.

물건은 서울 강동구 거여동에 있는 거여5단지 아파트(전용면적 84.17㎡, 대지권 30.861㎡). 아파트단지 바로 옆에는 유치원과 초등학교, 중학교가 위치해 있었습니다. 지하철역(거여역 5호선)이 가까운 거리(477m)에 있어 출·퇴근하기에도 편리해 보입니다.

등기부를 살펴보니 권리 관계도 깔끔합니다. 최초감정가도 주변 시세(7억 5,000만원)보다 1억원 정도 싸게 나온 상태였습니다. A씨 부부는 이 물건을 꼭 낙찰 받고 싶었습니다. 그런데 돈이 문제였습니다. 전세보증금을 합쳐도 2억원이 부족합니다. 방법이 없을까요?

경매로 아파트를 장만할 때도 살 때와 마찬가지로 은행에서 빌릴 수 있습니다. 경매물건 중에서도 특히 아파트는 인기가 높습니다. 매각가율이 가장 센 편입니다. 다른 물건에 비해 환가성이 뛰어나기 때문입니다. 때문에 은행에서는 아파트를 최고의 담보로 인정해 줍니다. 경매대출을 받기 쉽다는 뜻입니다.

경매대출의 한도와 금리는 주택담보대출과 차이가 없습니다. 경매대출금의 경우에도 투기지역이나 투기과열지역에서는 LTV(주택담보대출비율), DTI(총부채상환비율), DSR(총부채원리금상환비율)의 적용 받습니다. 그러나 경매대출이 주택담보대출보다 유리한 점이 있습니다. 경매대출의 대출금 한도를 산정할 때 기준이 되는 금액은 낙찰가가 아닙니다. 감정가가 기준이 됩니다. 아파트의 경우 주로 KB 시세를 참고합니다.

(아파트)감정평가표

이 감정평가서는 감정평가에 관한 법규를 준수하고 감정평가이론에 따라 성실하고 공정하게 작성하였기에 서명날인합니다.

감 정 평 가 사
전 성 호   (인)

감정평가액	一金육억오천일백만원整 (₩651,000,000.-)					
의 뢰 인	서울동부지방법원 사법보좌관 정석원		감정평가목적		법원경매	
채 무 자	-		제 출 처		경매2계	
소유자 (대상업체명)	김원일 (2017타경8658)		기 준 가 치		시장가치	
			감정평가조건		-	
목 록 표시근거	귀 제시목록		기 준 시 점 2018.01.02	조 사 기 간 2017.12.26~2018.01.02		작 성 일 2018.01.03

감정평가내용	공 부 (의 뢰)		사 정		감 정 평 가 액	
	종 류	면적(㎡) 또는 수량	종 류	면적(㎡) 또는 수량	단 가	금 액
	구분건물	1개호	구분건물	1개호	-	651,000,000
①	이	하	여	백		
합 계						₩651,000,000

위의 아파트를 ① 최초감정가 수준인 6억 5,100만원으로 낙찰 받

앉을 경우, 경매대출금의 한도를 산출해보면 낙찰금액과는 상관없이 감정가(7억 4,500만원, KB 일반평균가)를 기준으로 대출이 가능합니다. A씨가 경매대출금으로 부족한 2억원을 대출 받는 데는 아무런 문제가 없습니다. 매월 약 86원 정도의 원리금(금리 3.17%, 원금 33만원, 이자 53만원)을 갚으면 됩니다(고정금리(5년) 3.17%, 대출기간은 360개월 기준). 뒤에서 좀 더 살펴보겠지만, 경매도 매매처럼 대출이 가능하고 경우에 따라서는 갭투자 또한 할 수 있습니다.

부동산 재벌 마인드 4
기대수익을 세운다

부동산 재벌들은 싼 물건에 현혹되지 않습니다. 가격보다 중요한 것은 기대수익입니다. 경매 물건을 볼 때 이 물건으로 통해 실현할 수 있는 목표 수익을 세워야 합니다. 즉, 경제성의 원칙을 따져야 합니다.

권리분석을 하는 이유도 경제성을 알아보기 위해서입니다. 경매로 매수하게 되면 명도*비용이 들어갈 수 있습니다. 또 유치권을 해결하는데 추가 비용이 들 수 있습니다. 법정지상권이 문제가 될 수도 있습니다(이에 대해서는 2~3강에서 자세히 다룹니다).

경매는 입찰에서부터 처분 후 수익을 볼 때까지 경우에 따라 최소 몇 개월에서 최대 몇 년이 걸릴 수도 있습니다. 때문에 이 기간 동안에 그 경매물건을 쫓아다니면서 시간 대비 노력한 것도 비용으로 넣

---

*   토지,건물 또는 선박을 점유하고 있는 자가 그 점유를 타인의 지배하에 옮기는 것

어야 합니다. 즉, 경매 수익률을 계산할 때는 시간과 비용, 위험 이런 것들을 다 감안해서 입찰가액을 산정해야 합니다.

그런데 입찰가액을 너무 낮게 잡으면 어떻게 될까요? 당연히 입찰에서 떨어집니다. 특히 아파트 경매의 경우에는 시세보다 너무 많이 낮춰서 잡으면 백전백패입니다. 시세대비 10-15% 선에서 매수하는 게 가장 합리적이며 대세 상승장일 때는 입찰가보다 높게 써야 할 경우도 있습니다. 이때 앞에 설명한 제반비용을 꼼꼼히 따져야 합니다.

부동산에서 기대수익을 얻는 법은 크게 2가지로 나눌 수 있습니다.

시세차익(자본수익)과 임대수익

시세차익을 노린 대표적인 투자 방법이 갭투자[*]입니다. 아파트는 자본수익을 감안하지 않고, 임대수익만 보면 좋은 투자처가 아닙니다. 빚을 내어 투자할 경우는 더욱 그렇습니다.

대출이자에다 재산세, 건강보험료를 비롯한 각종 세금 부담까지 따지면 앞에서 벌고 뒤로 까먹는 상황이 벌어질 수도 있습니다. 그럼에도 많은 분들이 갭투자에 뛰어드는 이유는

우리나라 부동산 시장이 지금까지 상승기에는 오르는 폭이 크고 하락기에는 떨어지는 폭이 상대적으로 적었기 때문입니다. 우리나라 아파트는 규격화되어 있기 때문에 환금성도 뛰어납니다. 따라서

---

[*] 전세보증금을 지렛대 삼아 투자를 하는 법

부동산 경매를 활용해 갭투자를 생각하는 투자자라면 무조건 싼 아파트가 아니라 여러 위험 요소와 세금 등 정부정책을 세밀하게 검토하고 시세차익을 노릴 수 있는 지역을 목표로 삼아야 합니다. 낙찰받고 임대수입을 얻다가 적당할 때 팔면 된다는 안일한 방법으로 접근하면 안 됩니다.

사례: 땅도 기대수익을 따져야 한다

서울에서 식당을 운영하고 있는 H씨는 경기도 지역의 땅을 보고 있습니다. 투자목적으로 약간의 대출을 끼고 매수해서 10년 정도 묻어둘 계획입니다. 가격이 저렴하면서도 미래가치가 있는 땅이 그의 목표입니다. 마침 경기도 여주에 경매로 나온 땅을 발견합니다.

사건번호(여주지원 사건번호 2017-9713(9))를 확인하고 권리분석에 들어갔습니다. 땅은 모두 4필지, 지목은 답(10,454㎡). 용도지역은 보전관리지역입니다. 감정가는 1차감정가(188,172,000원) 대비 51%가 떨어진 상태였습니다. 문제가 될 권리관계도 없었습니다. H씨는 싼 가격에 마음이 끌렸지만 한편으론 불안하기도 했습니다. 그래서 3차 매각기일을 앞두고 어떻게 해야 할 지 갈피를 잡지 못했습니다. 이 땅의 미래가치는 어떨까요?

싼 물건에 흔들리지 마십시오. 부동산 경매를 하는 이유는 무엇인가요? 그렇습니다. 돈을 벌기 위해서 입니다. 현재의 가격보다는 미래가치가 중요합니다. 싸게 낙찰 받아도 미래가치가 없다면 실패한 투자입니다. 땅, 아파트, 상가, 오피스텔 어느 물건이나 이는 '참'입니다.

미래가치는 토지이용계획확인서를 통해 가늠해 볼 수 있습니다.

▌토지이용계획확인서

①Y씨가 관심을 가진 땅의 용도지역은 보전관리지역입니다(땅 투자에 대해서는 4강에서 소개합니다). 보전관리지역은 자연환경 및 산림보호, 수질오염 방지, 녹지공간 확보, 생태계 보전 등을 위하여 개발이 제한된 땅을 말합니다. 보전관리지역에도 건축물 허가를 받으면

건물은 지을 수 있습니다. 다만 건폐율은 20% 이하이며, 용적률은 50%이상 80%이하입니다(국토의 계획 및 이용에 관한 법률 시행령 제84조, 제85조 참조). 이처럼 개발보다 보전에 무게중심이 실려 있는 땅은 미래가치가 낮습니다.

지적도

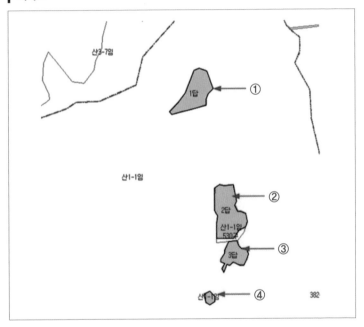

다음은 지적도를 살펴봅시다. 이 땅은 4필지가 붙어 있는 것이 아니라, ①~④까지 서로 떨어져 있습니다. 지목은 답이었지만, 현장 탐방을 해본 결과 나무가 많은 산(임야)으로 봐야 합니다. 답의 주변

지역은 산으로 둘러싸여 있었습니다.

　종합해 보면 경기도 여주에 위치한 땅이라 해도 미래가치는 장담할 수 없습니다. 1차 감정가에 비해 50%나 가격이 떨어져 있다고 해서 미래가치를 따지지 않고 투자를 하면 자칫 낭패를 보기 좋은 물건인 셈입니다.

⑥

부동산 재벌 마인드 5
현장에서 답을 찾는다

　앞의 사례 분석과 자연스럽게 연결되는 부동산 재벌 마인드가 있습니다.

　부동산 재벌들은 현장에서 답을 찾습니다. 경매 물건은 반드시 현장탐방을 통해 현황을 파악해야 합니다. 귀농을 위해 토지를 보고 있다고 합시다. 법원에 공시된 서류상으로는 어떤 특이점도 없습니다. 권리관계도 깔끔하고 공시되는 권리, 공시되지 않는 권리를 확인해 보니 매수인이 인수하는 권리가 없습니다. 그러면 걱정 없이 경매에 참여해도 될까요? 절대 안 됩니다. 반드시 현장을 가야합니다.

　다소 극단적이지만 왜 현장탐방이 중요한지 몇 가지 예를 들어보겠습니다.

땅의 경우, 경사도가 15도 이상 되는 물건은 일반적으로 미래가치가 낮습니다. 이런 땅은 형질변경을 하기 어려워 건물을 짓기가 불가능합니다. 카카오맵, 네이버지도로 확인하면 되지 않느냐고 물어보는 경우가 있는데, 아무리 플랫폼 지도가 좋아졌다고 하더라도 경사도를 정확히 확인할 수 없습니다. 반드시 현장을 가야 합니다.

하천이나 계곡, 저수지 인근의 땅도 피해야 합니다. 잠깐 쉬러가는 곳이라면 하천과 계곡, 저수지 주변의 풍광이 이점이겠지만, 거주하는 곳이라면 이야기가 다릅니다. 각종 자연재해에 노출될 수 있으므로 땅 주변에 큰 하천이 있는 곳은 미래가치가 낮습니다. 혹시 물길이 바뀔 수도 있기 때문에 현장에 가서 이런 것들을 꼭 체크합니다.

수령이 30년 이상 된 나무가 있는지 없는지도 현장에 가서 체크합니다. 오래된 나무가 있으면 형질변경이 쉽지 않습니다. 우리나라는 보호수종을 법으로 정해 놓고 있는데 이런 것들은 경매 서류에는 나와 있지 않습니다.

최근 연례행사처럼 발생하는 돼지독감, 조류독감의 영향도 무시할 수 없습니다. 이런 병이 돈 지역은 법적으로 해당 땅에 가축을 매몰해야합니다. 간혹 폐사된 가축들이 매몰돼 있는 땅들이 경매 매물로 나오는 경우가 있습니다. 이 경우 현장을 가지 않고는 확인할 수 없습니다.

탐방을 하실 때 다른 것은 몰라도 이것만은 꼭 봐야 하지만 놓치기 쉬운 포인트를 하나 더 소개합니다. 바로 도로입니다. 토지에 도로가 연결되어 있느냐 없느냐는 토지의 미래가치에 중요한 기준이 됩니다. 그런데 지도만으로는 도로의 유무를 확인할 수 없습니다. 예를 들어 지적도에는 분명히 도로가 있습니다. 그런데 막상 현장 답사를 가보니 도로가 없습니다. 반대로 현장에 갔더니 길이 있는데 지적도에는 길이 없는 경우도 있습니다.

이런 것들을 현장에서 꼼꼼히 따져야 합니다. 토지의 경우에는 길의 유무가 가격에 많은 영향을 줍니다. 길이 없으면 건축인허가를 받을 수 없습니다. 주위토지통행권이나 토지사용승낙, 지역권설정 등을 하면 되지만 그 과정이 힘들고 복잡하며 추가 비용이 발생합니다. 이런 것들을 현장에서만 확인할 수 있습니다.

마오쩌둥이 이런 말을 했다고 합니다. "나는 전략서는 잘 읽지 않는다. 전쟁터에서는 책이 필요 없기 때문이다." 이론보다는 현장에 답이 있다는 거예요. 부동산도 마찬가지입니다. 경매 물건은 반드시 체크리스트를 만들어 현장탐방을 가야 합니다. 부동산 재벌들은 이 과정을 지나치지 않습니다. 필요하면 서너 번도 그 이상도 현장을 찾습니다. 현장에서 답을 찾아 가치 없어 보이는 물건을 탈바꿈한 사례를 소개합니다.

사례: 낡은 여관을 수익형 빌라로 바꾸다

종로에서 자영업을 하는 K씨는 주변에서 부동산 재벌로 알려져 있습니다. 그런 K씨는 인천 한 대학가 앞에 허름한 여관을 낙찰 받았습니다. 그런데 여관은 외관이 너무 낡아 투자가치가 전혀 없어 보였다. 내부는 노후도가 더 심했습니다. 왜 K씨는 이 여관을 낙찰 받았을까요?

K씨는 여관이 세 번 유찰된 후 경매에 참여했습니다. 세 번 유찰이 되면서 물건의 입찰가는 최초 감정가에 비해 상당히 낮아졌습니다. 여관을 낙찰 받자 K씨는 건물을 대대적으로 리모델링해 여관을 방 20개짜리 원룸으로 탈바꿈시킵니다. 지하층에는 입주민만을 위한 체육시설과 편의시설을 넣어 주변 원룸과 차별화를 시도했습니다.

K씨가 낡은 여관에 공을 들인 이유가 있습니다. 현장탐방을 해보니 여관이 위치한 대학 주변은 오래된 구시가지로 주거 환경이 좋지 않았습니다. 그래서 원룸 수요에 비해 깨끗한 원룸이 없다는 것을 발견하게 됩니다. 그래서 건물을 낙찰 받아 대대적으로 리모델링한 것입니다. 미래가치를 본 것, 아니 미래가치를 만들어낸 것이죠.

리모델링한 원룸은 한 방당 월세 50만원씩 받았습니다. 깨끗한 주거 공간과 무료로 제공되는 편의 시설 덕분에 주변 월세보다 높이 책정 됐음에도 세입자를 쉽게 구할 수 있었습니다. 원룸 20실이면 매월 천만원의 현금이 들어오는 구조입니다. 아무도 쳐다보지 않던 이 건물의 가능성을 현장탐방을 통해 찾아낸 것입니다.

부동산 재벌 마인드 6
오직 투자자 입장에서 생각한다

부동산 경매에는 많은 이해관계인들이 얽혀 있습니다. 우리나라 민사집행법을 보면 부동산 경매는 주로 채권자의 권리를 보장하는 내용이 많습니다. 쉽게 말해 경매는 돈을 빌려준 사람(채권자)이 돈을 못 받았을 때 "채무자의 부동산을 국가한테 환가해 주세요"라고 의뢰하는 겁니다. 그러면 국가기관(법원)은 해당 부동산을 법적절차를 통해 처분하고 경매로 받은 돈을 채권자들에게 나누어 줍니다.

경매 물건의 채무관계가 깔끔하면 좋겠습니다만, 여러 이해관계자들이 얽혀 있는 경우가 많습니다. 우선 부동산을 담보로 돈을 빌리고 갚지 못한 채무자가 있습니다. 채무자와 소유자가 같을 수는 있지만 다른 경우도 있습니다. 일례로 부모의 아파트를 아들이 담보 제공해서 돈을 빌리면 소유자와 채무자가 다릅니다.

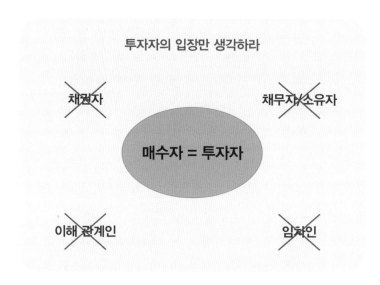

채권자 중에는 아파트에 세 들어 사는 임차인, 채무자에게 임금을 받지 못해 부동산에 가압류를 건 임금채권자가 등장하기도 합니다. 이런 이해관계를 하나하나 따지고 들면 부동산 경매만큼 골치 아픈 투자도 없습니다. 이쯤에서 많은 이들이 부동산 경매에서 손을 뗍니다.

부동산 재벌들은 이런 복잡한 구조를 심플하게 해석합니다. 어떻게 해야 심플하게 해석할 수 있느냐고요?

투자자 입장에서만 고민합니다. 채권자가 고민할 것은 고민하지 않는다는 거죠. 임차인이 고민할 것은 고민 안 한다는 거예요.

저는 대학원에서 부동산과 관련된 민사집행법, 계약법 등을 강의했습니다. 수업을 하다보면 매학기 학생들이 이런 질문을 합니다. "배당절차를 상세히 알려주시면 좋겠습니다." 물론 배당절차를 상세히 알아두면 경매에 도움이 됩니다. 그런데 배당은 채권자와 이해관계자들이 알아야 되는 것이지 투자자가 세밀히 알 필요는 없습니다.

법률가가 되는 것이 목표가 아닌 이상 투자자가 배당까지 공부하게 되면 경매절차 중에 배당절차만 3분의 1 정도가 되는데, 추가로 공부해야 됩니다. 그런데 투자자에게는 배당절차가 도움이 되는 부분은 거의 없습니다. 달리 말하면 투자자의 입장에서 경매를 바라보면 따져볼 거리가 3분의 1이 줄어드는 거죠.

시인 괴테는 힘이 분산되지 않도록 주의하라고 했습니다. 경매도 마찬가지입니다. 힘을 분산시키면 산만해지고 내가 목적한 바대로 경매물건을 매수할 수가 없습니다. 부동산 재벌들은 선택과 집중의 달인입니다.

부동산 경매를 시작했다면 채무자와 임차인의 사연은 머리에서 지우세요. 내가 낙찰 받은 금액이 어떻게 배분되고 누구에게 가느냐는 법원에서 할 일이지 투자자가 따질 필요가 없습니다. 투자자 입장에서 물건을 분석하고 그 미래가치를 바라봐야 합니다. 이것만 하더라도 할 일이 많습니다.

부동산 재벌들은 경매절차의 참여부터 권리분석, 미래가치 분석까지 모든 단계에서 철저히 투자자의 입장으로 바라봅니다.

그런데 경매에 처음 도전하는 분들은 등기부에 공시되는 각종 권리(근저당권 등)의 뜻을 마치 고시 공부하듯이 외우거나 이해하려고 합니다. 그럴 필요는 없습니다. 등기부에 등장하는 권리의 뜻을 상세히 몰라도 권리분석을 하는 데는 전혀 지장이 없습니다. 오히려 뜻을 알려고 하면 할수록 권리분석은 어려워집니다. 다만 다양한 실전 사례를 통해 일어날 수 있는 변수를 따져보고 등기부 이면에 감춰진 기회를 찾아내는 연습이 필요합니다.

지금까지 투자자로서 부동산 경매의 매력과 부동산 재벌들의 마인드를 알아봤습니다. 다음 강의부터는 투자자의 관점에서 꼭 알아야 권리분석 방법과 미래가치를 찾는 법을 소개합니다.

권리분석 :
세상에서 가장 쉬운
권리분석의 모든 것

수업을 듣는 분들에게 부동산 경매에서 가장 어려운 부분이 무엇이냐고 물어보면 다들 첫손으로 권리분석을 꼽습니다. 권리분석은 법원경매를 통해 경매물건을 낙찰받기 전 낙찰자가 낙찰대금 이외에 추가로 인수해야 하는 권리가 있는지 확인하는 것을 말합니다. 복잡한 권리관계와 법은 물론 때론 법원 판례를 알아야 할 때도 있고 여러 숫자들이 등장하기도 합니다. 그래서 처음 경매를 접하는 분들부터 나름 경매 투자에 잔뼈가 굵은 분까지도 권리분석에 어려움을 느낍니다.

권리분석을 완벽하게 하려면 어디까지 공부해야 할까요? 서점에 가보면 권리분석만 다룬 책들이 많습니다. 오프라인 강좌들도 심심치 않게 발견합니다.

맞습니다. 권리분석은 공부가 필요합니다. 그렇다고 이론으로만 다 알 수 없는게 권리분석입니다. 현장탐방, 서류검토, 낙찰 참여 등 경매라는 실전을 경험해 봐야 어느 정도 감을 잡을 수 있습니다.

그렇다고 자격증 시험처럼 외울 필요는 없습니다. 공부에는 왕도가 없을지 몰라도, 권리분석에는 왕도가 있습니다.

한눈에 살펴보는
경매 절차

이번 시간에는 권리분석을 쉽고 간단하게 끝낼 수 있는 방법을 알아보겠습니다. 그리고 실제 투자 사례를 살펴보며 다양한 물건 중에서 옥석을 가리는 법을 알려드립니다.

권리분석을 하려면 법에 대한 사전 지식이 있어야 하냐고 물어보시는 분들이 있습니다. 그렇지 않습니다. 제 강의를 처음 듣는 분들 대부분이 경매를 배우기 전까지는 평생 법원 근처에 가본 적이 없는 분들입니다. 이 분들도 강의를 듣고 나서는 권리분석을 어렵지 않게 척척 해냅니다. 미리 겁먹을 필요가 전혀 없습니다.

부동산 경매에는 다양한 이해관계자가 참 많이도 얽혀 있습니다.

우선 경매 공부를 하고 있는 우리는 매수자(투자자)입니다. 매수자 외에도 돈을 받아야 하는 채권자가 있고, 돈을 갚아야 하는 채무자가 있습니다. 채무자가 경매로 나온 물건의 소유자가 다를 수도 있습니다. 이해관계자 중에는 (소액)임차인, 임금채권자 같이 다양한 사연을 가진 이들도 있습니다. 이처럼 돈과 얽힌 권리 관계가 복잡하다보니 자연스럽게 권리분석이 어려워 보입니다. 그런데 1강에서 부동산 경매는 어떻게 접근하라고 말씀드렸나요?

부동산 경매는 매수자(투자자) 중심으로 접근하면 심플합니다.

권리분석을 알아보기 전에 전체 경매가 어떻게 진행되는지 알아보자는 차원에서 경매절차를 간략하게 소개합니다. '부동산 경매'란 정해진 법에 따라 진행되는 대한민국 법원의 법집행 절차입니다. 경매 절차를 주요 단계별로 나누면 아래 표와 같습니다.

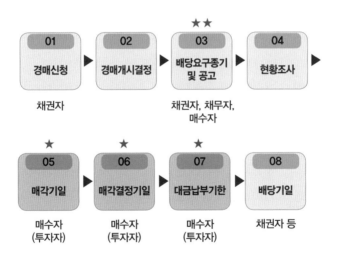

이 중에서 투자자가 알아야 하고, 참여하는 단계는 ③, ⑤~⑦입니다. 나머지는 자세히 알 필요가 없습니다.

① 경매신청 ② 경매개시결정

경매신청은 채권자(돈을 빌려준 사람)가, 경매개시결정은 법원이 합니다. 채권자의 경매신청이 들어오면 법원은 경매개시결정을 합니다. 이때 해당 부동산이 법적으로 압류됩니다(민사집행법 제83조).

③ 배당요구종기 및 공고

채권자는 배당요구 종기일까지 배당요구를 해야 합니다. 경매개시가 결정되면 압류의 효력이 생기며, 배당요구를 할 수 있는 마감일자(배당요구종기)가 확정됩니다.

배당요구종기는 채권자에게 중요한 절차입니다. 빌려 준 돈을 받을 수 있을지 없을지가 결정되기 때문입니다. 단, 근저당권자 등은 배당요구를 하지 않아도 배당을 받습니다. 그러나 그 밖의 채권자는 반드시 배당요구를 신청해야 합니다.

대항력과 우선변제권을 갖춘 임차인이 배당요구를 하지 않거나, 배당요구종기 이후에 배당신청을 했다면 해당 임차인은 경매를 통해 보증금을 돌려받을 수 없습니다. 만약 이런 임차인이 있다면 매수자(경매에서 낙찰을 받은 사람)가 해당 임차인의 보증금을 인수해야 합니다. 따라서 대항력*과 우선변제권**을 갖춘 임차인이 배당요구종기까지 배당요구를 했는지, 배당요구는 했지만 배당요구종기가 지나서 했는지 등을 권리분석 단계에서 반드시 확인해야 합니다.

참고로 배당요구에 따라 매수인이 인수하여야 할 부담이 바뀌는 경우 배당요구를 한 채권자는 배당요구의 종기가 지난 뒤에 이를 철회하지 못합니다(민사집행법 제88조 참조).

핵심 요약

대항력과 우선변제권을 갖춘 임차인의 보증금은 누가 책임져야 할까?

1) 배당요구를 한 임차인

▶ 매수인이 인수하지 않아도 된다.

다만, 보증금을 전액 배당 받지 못하면 잔여 보증금은 매수인이 인수해야 한다.

2) 배당요구를 하지 않은 임차인

▶매수인이 인수해야 한다.

3) 배당요구종기가 지나서 배당요구를 한 임차인

▶매수인이 인수해야 한다.

---

* 　임차인이 제3자에게 자신의 임대차관계를 주장할 수 있는 권리.
** 　주택임대차보호법상 임차인이 보증금을 먼저 변제받을 수 있는 권리.

④ 현황조사

매수자에게 정확한 정보를 제공하기 위해 현황조사서가 작성합니다. 법원은 집행관에게 부동산의 현상, 점유관계, 차임과 보증금의 액수, 기타 현황 등에 관한 조사를 지시합니다(민사집행법 제85조). 부동산을 조사하는 이유는 적정한 매각 조건을 결정하고, 매수인에게 정확한 정보를 제공하기 위해서 입니다. 이때 취합된 정보는 현황조사서 및 매각물건명세서, 감정평가서 등에 담기게 됩니다.

현황조사서는 경매가격 결정에 필요한 권리 및 사실관계의 기초 정보가 담겨 있고 대항력과 우선변제권 있는 임차인을 판단하는 자료가 됩니다. 이 공시자료들은 누구나 볼 수 있도록 공개되며 권리분석은 이 자료를 토대로 하니 앞으로 익숙해져야 하는 문서입니다.

⑤ ~ ⑦은 매수자(투자자)가 직접 참여하는 절차입니다.

⑤ 매각기일 (경매가 진행되는 날)

경매에 참여하고자 하는 투자자는 매각기일에 최저매각가격의 10분의 1을 보증금으로 납부하고 입찰금액을 입찰표에 써서 제출함으로써 경매에 참여합니다. 단, 법원이 보증금 등 세부적인 사항을 달리 정할 수도 있습니다(민사집행규칙 제63조).

경매는 지정된 장소(주로 법원)에서 진행되고, 최고가매수신고인과 차순위매수신고인을 정하게 됩니다. 매각기일에 매수인이 없다면 법원은 최저매가가격을 다시 산정한 후 새로 매각기일을 정합니다.

경매 Tip

경매 당일 입찰 절차

경매를 처음 참여하시는 분들을 위해 경매 당일과 이후 대금납부까지 알아두어야 하는 절차를 간략하게 소개합니다.

법원출발 전

일반적으로 입찰은 경매(매각기일)는 당일 오전 10시부터 시작됩니다. 간혹 경매 당일 법원에 가보니 입찰하려던 경매물건이 취하 · 변경 · 연기되는 경우가 있습니다. 아침부터 서둘러 법원에 나간 노력이 헛수고가 되는 순간입니다. 따라서 법원으로 출발하기 전에 입찰하려는 경매물건이 정상적으로 경매 진행되는지를 확인해야 합니다. 전화응답 서비스를 이용하면 편리하게 확인할 수 있습니다(사건진행 안내 서비스 1588-9100)

법원에 갈 때 준비해야 할 것

• 본인이 경매에 참가하는 경우

신분증, 도장, 입찰보증금을 가져가야 합니다. 법원에 비치된 입찰표에는 본인 이름과 주민등록번호, 주민등록상의 주소 및 전화번호를 기재한 후, 신분증으로 본인확인을 하고 입찰표를 제출합니다.

• 대리인이 경매에 참가하는 경우

대리인을 통해 경매에 참가할 수 있습니다. 대리인이 경매에 참가하는 경우에는 인감증명서 1통과 위임장을 제출합니다. 대리인은 인적 사항을 모두 기재하여 준비해간 본인의 인감증명서와 위임장을 입찰표와 함께 제출합니다.

• 법인이 경매에 참가하는 경우

법인 대리인이 경매에 참가하는 경우에는 법인등기부등본, 위임장, 법인인감증명서을 준비합니다. 인적 사항에는 법인명과 대표자 성명을 기재하고, 대리인 기재사항에는 경매에 대리로 참가한 직원의 인적 사항을 기재합니다.

입찰표 작성과 최종 확인

입찰 전에 반드시 법원에 비치된 자료를 통해 권리변동 사항이 없는

지 다시 한번 확인합니다.

입찰표와 위임장 작성 예시와 주의사항

| 입찰표 작성 예시

(앞면)

기 일 입 찰 표

○○지방법원 본원 집행관 귀하　　　　　　　입찰기일 : 2022년 00월 00일

사 건 번 호	2019 타경 4884호		물건 번호	※ 물건번호가 여러개 있는 경우에는 꼭 기재	
입찰자	본인	성　명	신성식　　　(인)	전화번호	010-1234-1234
		주민(사업자) 등록번호	XXXXXX-XXXXXXX	법인 등록번호	
		주　소	서울특별시 마포구 월드컵북로 48-9		
	대리인	성　명	김우경　　　(인)	본인과의 관계	아내
		주민등록 번　호	XXXXXX-XXXXXXX	전화번호	010-1234-1234
		주　소	서울특별시 마포구 월드컵북로 48-9		

입찰 가격	천억	백억	십억	억	천만	백만	십만	만	천	백	십	일		보증 금액	백억	십억	억	천만	백만	십만	만	천	백	십	일	
				1	2	0	0	0	0	0	0	0	원				1	2	0	0	0	0	0	0	0	원

보증의 제공방법	□ 현금 · 자기앞수표 □ 보증서	보증을 반환 받았습니다. 입찰자　김우경 (인)

- 입찰자가 법인인 경우에는 성명란에 법인의 명칭과 대표자의 지
위 및 성명을, 주민등록란에는 입찰자가 개인인 경우에는 주민등
록번호를, 법인인 경우에는 사업자등록번호를 기재하고, 대표자의
자격을 증명하는 서면(법인의 등기부 등 · 초본)을 제출해야 합니다.

– 주소는 주민등록상의 주소를, 법인은 등기부상의 본점소재지를 기

재하고, 신분 확인이 가능한 주민등록증을 꼭 지참합니다.

– 입찰가격은 수정할 수 없으므로, 수정을 요하는 때에는 새 용지를

사용합니다.

▌ 위임장 작성 예시

위 임 장

대리인	성 명	김우경 (인)	직 업	교사
	주민등록번호	XXXXXX-XXXXXXX	전 화 번 호	010-1234-1234
	주 소	서울특별시 마포구 월드컵북로 48-9		

위 사람을 대리인으로 정하고 다음 사항을 위임함.

다 음

부산지방법원 본원 2019 타경 4884호 부동산

경매사건에 관한 입찰행위 일체

본인 1	성 명	신성식 (인)	직 업	교수
	주민등록번호	XXXXXX-XXXXXXX	전 화 번 호	010-1234-1234
	주 소			
본인 2	성 명	(인)	직 업	
	주민등록번호		전 화 번 호	
	주 소			
본인 3	성 명	(인)	직 업	
	주민등록번호		전 화 번 호	
	주 소			

* 본인의 인감 증명서 첨부
* 본인이 법인인 경우에는 주민등록번호란에 사업자등록번호를 기재

○○지방법원 본원 귀중

- 대리인이 입찰하는 때에는 입찰자란에 본인과 대리인의 인적사항 및 본인과의 관계 등을 모두 기재하고 위임장과 인감증명을 제출합니다.
- 위임장, 인감증명 및 자격증명서는 작성한 입찰표에 첨부합니다.
- 제출된 입찰표는 취소, 변경이나 교환이 불가능합니다.
- 공동으로 입찰하는 경우에는 공동입찰신고서를 입찰표와 함께 제출하되, 입찰표의 본인란에 는 "별첨 공동입찰자목록 기재와 같음"이라고 기재하고, 입찰표와 공동입찰신고서 사이에는 공동입찰자 전원이 간인합니다.
- 입찰자 본인 또는 대리인 누구나 보증을 반환 받을 수 있습니다.
- 보증의 제공방법(현금 · 자기앞수표 또는 보증서)중 하나를 선택하여 표시합니다.

⑥ 매각결정기일

매각을 불허할 만한 위법사유가 없다면 법원은 매각결정을 선고하게 됩니다. 경매 당일에 곧바로 최고가 매수신고인에 대한 매각허가 또는 불허가 결정됩니다. 다만 매각허가결정이 확정된 뒤에 천재지변 또는 책임질 수 없는 사유로 부동산이 현저하게 훼손되거나 중대한 권리관계가 변동된 사실이 밝혀질 경우에는 매수인은 대금을 납부할 때까지 매각허가결정의 취소를 신청할 수 있습니다 (민사집행법 제127조). 따라서 매수인은 매각허가결정이 났더라도 반드시 해당 부동산의 상태와 권리관계의 변동 사항이 있는지 확인해야 합니다.

중대한 권리관계 변동은 아래와 같습니다.

① 선순위 근저당권의 소멸로 인하여 처분금지가처분(내지 가등기) 이나 임차권의 대항력이 존속하는 경우,

② 부동산에 유치권이 존재하는 사실이 새로 밝혀지는 경우와 같이 매수인이 소유권을 취득하지 못하는 경우,

③ 매각부동산의 부담이 현저히 증가하여 매수인이 인수할 권리가 중대하게 변동되는 경우(대법원 2005마643 참조).

⑦ 대금납부기한

대금납부기한이 정해지면 기한 내에 대금을 납부할 수 있습니다. 매각허가결정이 내려지면 그 날로부터 1개월 이내로 대금지급기한 날짜가 정해집니다. 이 날짜는 최고가매수신고인과 차순위매수인에게 통지됩니다. 매각대금은 해당 기한 내에 언제든지 납부할 수 있습니다. 단, 일시불로 납부해야 합니다. 지정한 기한까지 대금을 납부하지 못하면 입찰보증금은 몰수됩니다.

물건을 낙찰 받았다면 즉시 대금을 납부하는 게 좋습니다. 대금

을 납부하기 전까지는 이해관계자(채무자 · 소유자 등)가 대출금을 상환하고 '경매개시결정에 대한 이의신청'을 통해 경매를 취소시킬 수 있기 때문입니다.

⑧ 배당기일

매각대금을 완납하면 법원은 법률에 의한 우선순위에 따라 배당을 합니다. 매각대금으로 배당에 참가한 모든 채권자를 만족하게 할 수 없는 때에는 민법 · 상법, 그 밖의 법률에 의한 우선순위에 따라 배당합니다(민사집행법 제145조). 매수인은 대항력이 없는 임차인은 신경 쓰지 않아도 됩니다. 하지만 대항력과 우선변제권을 갖춘 임차인이 임차보증금의 전액 또는 일부를 배당 받지 못했다면, 잔여 보증금에 대해서는 매수인이 책임져야 합니다. 따라서 매수인은 대항력(우선변제권)을 갖춘 임차인의 배당여부를 입찰에 참여하기 전에 권리분석을 통해 확인을 해야 합니다.

대금납부

경매의 최종 완결은 무사히 대금납부를 마쳐야 끝납니다.

대금납부기한 소환장을 받게 되면 바로 대금을 납부하는 것이 좋습니다. 채무자(소유자) 누구라도 매수인이 대금을 납부하기 전까지는 경매절차를 취소시킬 수 있기 때문입니다. 해당 법원(경매계)에서 법원보관금납부명령서를 발급 받아 법원이 지정한 은행에 대금 납부를 하고, 법원보관금영수증을 받으면 됩니다. 대금납부를 마치면 소유권이전등기 전이라 해도 소유권을 취득한 것으로 인정됩니다(민사집행법 제135조).

만약 매수인의 사정으로 대금을 납부하지 못하면 차순위매수신고인에게 매각허가결정을 하고 대금납부기한이 지정됩니다. 차순위매수신고인이 없으면 1주일 이내에 재매각 기일이 지정됩니다.

소유권이전

등기절차대금납부를 마쳤으면, 소유권이전등기에 필요한 서류를 준비하여 해당 법원 경매계에 소유권이전등기촉탁신청서를 제출합니다.

– 소유권이전등기 신청에 필요한 서류

부동산 등기부 필지 당 1통

토지 대장 필지 당 1통

건축물관리대장 건축물 당 1통

주민등록초본 매수인 명의 1통

취득세 납부영수증 경락대금 납부확인서(법원발급) 첨부하여 해당 '

구청에서 발급

말소에 대한 등록세 건당 7,200원

대법원증지 소유권이전 : 필지 당 15,000원, 말소 : 건당 3,000원

국민주택채권 매입번호 취급은행 발행번호 기재

촉탁신청서 권리관계 말소목록, 부동산 표시 목록, 취득세 및 채권금

액 목록 각 3부

3분이면 끝나는
기준권리 찾기

　권리분석은 매수자가 낙찰대금 이외에 추가로 인수해야 하는 권리가 있는지를 확인하는 절차를 말합니다.

　권리분석의 출발점은 기준권리 찾기입니다. 기준이 되는 권리(기준권리) 이전의 권리는 매수자가 책임(인수)져야 하며 기준권리 이후의 권리들은 말소되므로 매수자가 신경 쓰지 않아도 됩니다. 쉽게 말해 내가 낙찰 받으려는 물건에서 내가 물어주어야 하는 돈이 얼마인지 찾아내는 것이 권리분석의 목적입니다.

　권리분석은 여러 번 강조한 이 문장으로 기억합시다.

투자자(매수자) 중심으로 생각하자!

기준권리 찾기는 법원 경매 사이트, 신한옥션 SA 등 에서 제공하는 등기현황을 보면 됩니다. 등기현황에는 근저당권, 가압류, 임의경매 등 여러 가지 권리종류가 등장합니다. 한번쯤은 들어본 것 같지만 일상적으로 쓰이는 용어가 아니다보니 시작부터 머리가 어지러울 수 있습니다. 그러나 걱정마십시오! 법률용어를 다 알 필요는 없습니다.

기준권리가 되는 4가지만 기억합시다!

근저당권(저당권)
가압류(압류)
담보가등기
경매개시결정등기

이 4가지가 기준권리이며 등기현황에서 가장 앞에 나오는 권리(접수번호가 가장 빠른 것)를 찾으면 그것이 바로 소멸기준권리가 됩니다.

예를 들어봅시다. 마음에 드는 아파트 경매 물건을 발견합니다. 기준권리를 파악하기 위해서 아파트의 등기부(등기사항전부증명서)를 열람합니다. 등기부 갑구와 을구에 다음과 같이 기입되어 있습니다.

갑구	을구
2021년 9월 10일 - 가압류	① 2021년 7월 10일 - 근저당권
2021년 10월 11일 - 압류	2021년 10월 5일 - 근저당권
2021년 12월 20일 - 경매개시결정	2021년 12월 6일 - 전세권

이 경매 물건의 기준권리는 갑구 을구 상관없이 네 가지 기준 권리 중 가장 먼저 설정된 ① 2021년 7월 10일 자 근저당권입니다. 2021년 7월 10일 이후의 다른 권리들은 경매와 함께 모두 소멸됩니다. 기준권리 또한 경매로 무조건 소멸되는 것이 원칙입니다.

그런데 기준권리가 되는 4가지 권리의 뜻이 무엇이냐고요? 몰라도 됩니다. 예를 들어서 여러분들 초등학교 다닐 때 짝꿍을 기억하시나요?

제 짝궁 이름은 성식이었습니다. 한자 이름을 풀어보면 별 성(星), 심을 식(植)을 썼습니다. 그런데 짝궁의 이름 뜻을 기억하시는 분 계시나요? 뜻을 모른다고 해서 내 짝궁이 아닌 건 아니잖아요. 그냥 내 짝꿍은 성식입니다. 마찬가지로 매수자의 관점에서 보자면 기준권리는 그냥 기준권리일 뿐 굳이 그 뜻을 알 필요는 없습니다.

기준권리 찾기 공식

　권리분석의 시작은 기준권리 찾기입니다. 그만큼 중요하니 다시 정리하겠습니다.

　기준권리에는 근저당권(저당권), 가압류(압류), 담보가등기, 경매개시결정 네 가지 권리가 있습니다. 근저당권의 뜻은 몰라도 됩니다. 뜻을 알려고 하면 경매가 어려워집니다.

　근저당권과 저당권은 사촌지간입니다. 압류와 가압류의 관계도 마찬가지입니다. 가압류나 압류의 법률적인 성격은 다르지만(쉽게 말해 압류는 진짜고 가압류는 가짜 또는 임시라고 보시면 됩니다) 기준권리를 찾을 때는 한 묶음으로 보시면 됩니다.

　근저당권과 가압류(압류)는 살아가면서 한두번쯤 들어본 기억이 나는데 담보가등기는 생소합니다. 뭘까요? 뜻을 알 필요가 없습니다. 담보가등기는 뭐다? 기준권리다. 이것만 기억하면 됩니다. 경매개시결정도 마찬가지입니다.

　등기부의 갑구와 을구에서 네 가지 권리 중 가장 먼저 등장하는 권리 즉, 설정일자가 가장 빠른 권리가 기준권리가 됩니다. 그리고 기준권리와 그 이후의 권리는 무조건 경매로 소멸됩니다. 이게 권리분석의 대원칙입니다.

　이를 공식으로 표현하면 다음의 표와 같습니다.

기준권리 찾기 공식표

선순위 권리	기준권리	후순위 권리
지역권	근저당권(저당권)	지역권
지상권	가압류(압류)	지상권
가처분	담보가등기	가처분
가등기	경매개시결정	가등기
전세권		전세권
환매특약등기		환매특약등기
임차권등기		임차권등기
임차인		임차인
원직적으로 소멸되지 않음	무조건 소멸	원칙적으로 소멸
매수인 인수		매수인 인수 없음

기준권리 뒤에 나오는 권리(후순위 권리)들은 경매와 함께 소멸됩니다. 매수자가 신경 쓸 필요가 없습니다. 그러나 기준권리 앞에 나오는 권리(선순위 권리)는 매수자가 인수 즉 책임을 져야 합니다.

"어라. 생각보다 권리분석이 너무 쉬운데." 하실 겁니다. 맞습니다. 권리분석은 위의 기준권리 공식을 적용하면 어렵지 않습니다. 연습문제를 하나 풀어보겠습니다.

다음은 2019년 경매로 나온 서울의 어느 오피스텔의 건물등기 현황을 시간 순으로 정리한 표입니다.

접수일자	권리종류	권리자	채권금액
① 2017-12-13	근저당권	중소기업은행	124,800,000원
2019-09-02	압류	은평세무서장	
2019-09-04	압류	동고양세무서장	
2019-11-06	압류	은평구(서울특별시)	
2019-12-11	임의경매	중소기업은행	105,212,459원
2020-03-05	공매공고	은평세무서장	

기준권리는 등기분의 갑구와 을구 중에서 네 가지 기준권리 중 가장 먼저 등장하는 ① 2017년 12월 13일 중소기업은행이 설정한 근저당권(124,800,000원)입니다. 그 이후에 설정된 3건의 압류와 1건의 임의경매, 1건의 공매공고는 중소기업은행의 근저당권과 함께 모두 소멸됩니다. 따라서 매수자가 인수하는 권리는 없습니다.

핵심 요약

1. 경매절차와 권리분석은 투자자(매수자) 입장에서 보면 심플하다.
2. 권리분석은 기준권리가 되는 4가지 권리만 찾으면 된다(근저당권, 가압류(압류), 담보가등기, 경매개시결정등기) – 각 권리의 뜻을 알 필요는 없다.
3. 기준권리 이전의 권리는 매수자가 원칙적으로 인수해야 하며, 기준권리와 그 이후의 권리는 소멸한다.
4. 단, 등기부에 공시되지 않는 권리가 있으므로 이는 현장탐방 등을 통해 반드시 확인한다.

핵심정리를 기억하고 실제 물건을 권리분석을 해봅시다.

아래는 2021년 경매 물건으로 나온 아파트의 등기부입니다. 송파구 마천동에 소재한 금호어울림1차아파트(서울중앙지방법원 사건번호 2021-2398)로 최초감정가는 12억 4,000만원입니다.

주요 등기사항 요약 (참고용)

[주 의 사 항]

본 주요 등기사항 요약은 증명서상에 말소되지 않은 사항을 간략히 요약한 것으로 증명서로서의 기능을 제공하지 않습니다.
실제 권리사항 파악을 위해서는 발급된 증명서를 꼭 확인하시기 바랍니다.

[집합건물] 서울특별시 송파구 마천동 575 금호어울림1차아파트 제102동 제7층 제702호

고유번호 1162-2002-003984

1. 소유지분현황 (갑구)

등기명의인	(주민)등록번호	최종지분	주 소	순위번호
주식회사동호유통 (소유자)		단독소유	경기도 양주시 만송로 260 (만송동)	8

2. 소유지분을 제외한 소유권에 관한 사항 (갑구)

순위번호	등기목적	접수정보	주요등기사항	대상소유자
9	압류	2012년7월2일 제37904호	권리자 국○○	주식회사동호유통
20	압류	2019년10월31일 제164171호	권리자 국○○	주식회사동호유통
21	압류	2020년8월19일 제144620호	권리자 송파구 (서울특별시)	주식회사동호유통
22	임의경매개시결정	2021년10월18일 제170018호	채권자 이○○외 1명	주식회사동호유통
23	압류	2021년10월21일 제172300호	권리자 국민건강보험공단	주식회사동호유통
24	압류	2022년5월6일 제59205호	권리자 양주시	주식회사동호유통
25	압류	2022년5월23일 제66691호	권리자 양주시	주식회사동호유통

3. (근)저당권 및 전세권 등 (을구)

순위번호	등기목적	접수정보	주요등기사항	대상소유자
9	근저당권설정	2011년1월29일 제44765호	채권최고액 금500,000,000원 근저당권자 하이트맥주식회사	주식회사동호유통
10	근저당권설정	2012년3월8일 제12245호	채권최고액 금100,000,000원 근저당권자 오비맥주주식회사	주식회사동호유통
10-4	근저당권이전	2020년2월28일 제38558호	근저당권자 주식회사동림	주식회사동호유통
11	근저당권설정	2012년10월10일 제65297호	채권최고액 금100,000,000원 근저당권자 강태부	주식회사동호유통
11-2	근저당권이전	2021년8월10일 제134673호	근저당권자 이○○외 1명	주식회사동호유통

등기 사항을 갑구, 을구 상관없이 시간 순으로 정리하면 다음 표와 같습니다.

┃ 등기현황

	접수일자	권리종류	채권금액
①	2011-07-29	근저당권	500,000,000원
	2012-03-08	근저당권	100,000,000원
	2012-07-02	압류	
	2012-10-10	근저당권	100,000,000원
	2019-10-31	압류	
	2020-08-19	압류	
	2021-10-18	임의경매	100,000,000원
	2021-10-21	압류	
	2021-12-07	근저당권	210,000,000원
	2022-05-06	압류	
	2022-05-23	압류	

1순위 근저당권, 2순위 근저당권, 3순위 압류 등의 순입니다. 여기서 기준권리는 무엇일까요? 권리분석 공식을 떠올려봅시다(85쪽 공식참조).

기준권리보다 앞에 나오는 권리는 원칙적으로 경매로 소멸되지 않습니다. 기준권리보다 뒤에 나오는 권리는 원칙적으로 경매로 소멸됩니다. 각 기준의 뜻까지 알 필요는 없다고 말씀드렸습니다.

"기준권리의 종류는 근저당권(저당권), 압류(가압류), 담보가등기, 경매개시결정 입니다. 이들 4개의 권리 중에서 등기 일자가 가장 빠른 것이 기준권리가 된다" 만 기억합시다.

앞의 물건을 경우 등기부에서 날짜가 가장 빠른 근저당권이 기준권리가 되겠죠. ① 기준권리는 2011년 7월 29일 설정된 근저당권입니다. 이 물건에서 기준권리보다 앞에 나오는 권리는 없습니다. 등기부에 공시되는 모든 권리는 기준권리보다 뒤에 나옵니다. 등기부에 공시되는 모든 권리는 경매로 소멸됩니다. 매수인이 인수하는 권리가 없습니다.

복습: 기준권리를 찾아라

공기업에 다니는 30대 중반 A씨의 부지런히 청약통장을 붓고 아파트 분양 소식이 있을 때마다 모델하우스를 방문하며 정보를 모았다. 하지만 맞벌이 부부에 아이가 하나 밖에 없는 A씨로서는 당첨이 되기에는 청약가점이 턱 없이 낮았다. 그러던 어느 날, 자신과 사정이 비슷한 친구가 경매로 집을 샀다는 소식을 듣게 된다. 그때부터 A씨도 경매에 관심을 가지게 됐다.

A씨는 경매관련 책을 탐독하고 주말에는 틈틈이 경매 강의도 들었

다. 그런데 경매로 집 장만을 한 사람들 중에는 권리분석을 잘못해 낭패를 봤다는 이들이 꽤 있었다. 그 역시 공부를 하면 할수록 권리 분석이 어려웠다.

발품을 판 덕분에 마음에 드는 물건 역삼조이어스 아파트(서울지방법 원 사건번호 2018-894)을 발견했지만 막상 경매에 들어가려니 권리분 석이 어렵다. 등기부에 등장하는 각종 권리들은 아무리 공부를 해도 그 뜻이나 내용이 아리송하기만 하다.

기준권리는 권리분석에 있어 알파이자 오메가입니다. 기준권리가 등기부에 공시되는 각 권리들의 생사(生死)를 결정하는 '기준'이기 때문입니다. 기준권리만 찾으면 권리분석의 절반은 끝낸 셈입니다.

기준권리보다 앞에 나오는 권리는 원칙적으로 경매로 소멸되지 않으며 매수자가 인수해야 합니다. 기준권리보다 뒤에 나오는 권리 는 원칙적으로 경매로 소멸됩니다. 따라서 기준권리만 찾을 수 있 다면 각 권리들의 뜻을 일일이 외울 필요도 이해할 필요도 없습니 다. 뜻을 잘 몰라도 권리분석을 하는데 전혀 문제가 되지 않습니다.

기준권리가 되는 4가지를 권리 기억나시나요?

근저당권(저당권), 압류(가압류), 담보가등기, 경매개시결정등기. 이 들 4개의 권리 중에서 등기 일자가 가장 빠른 것이 기준권리입니다.

기준권리는 경매로 소멸하며 기준권리보다 앞에 나오는 권리(지상

☀ **2018** 타경 **894**

☆ 관심　🖨 입찰표　🖨

서울특별시 강남구 역삼○○○○, 역삼조이○○			감정가 (18.02.26)	**722,000,000**원
도로명주소	다음지도	네이버지도	도시계획지도	최저입찰가 (80%)	**577,600,000**원
				입찰보증금 (10%)	**57,760,000**원

| 토지이용계획 | 사진보기 | 건물등기 | 감정평가서 | 현황조사서 | 매각물건명세서 | 부동산표시목록 | 경매진행내역 | 예상배당 |

담당계 : 서울중앙지방법원 본원 3계(02-530-1815)

매각기일	경매개시결정일	배당요구종기일
2018-10-16 (10:00)	2018-02-12	2018-05-02
물건종류	**전용면적**	**대지권**
아파트	84.28㎡ (25평)	50.5㎡ (15평)
채무자 / 소유자	**특수권리 / 물건**	
(주)씨○○ / 인○○		

▌ **입찰진행내용**

구 분	입찰기일	최저매각가격	결 과
1차	2018-09-18	722,000,000원	유찰
① 2차	2018-10-16	577,600,000원	

권, 지역권, 가등기, 가처분, 환매등기 등)는 원칙적으로 매수인이 인수해야 합니다. 기준권리보다 뒤에 나오는 권리(지상권, 지역권, 가등기, 가처분, 환매등기 등)는 경매로 소멸됩니다.

A씨가 관심을 가진 물건은 ① 2차(5억 7,760만원) 매각기일을 앞두고 있습니다. 최초감정가(7억 2,200만원) 대비 1억 4,440만원이 떨어진 상태입니다. 등기현황을 봅시다.

접수일자	권리종류	채권금액	
② 2009-10-05	근저당권	252,000,000원	── 기준권리
2009-10-05	근저당권	650,000,000원	┐
2017-12-04	가압류	620,000,000원	
2017-12-29	가압류	23,295,000원	
2018-01-05	가압류	50,000,000원	
2018-01-19	가압류	32,201,424원	├ 모두 소멸
2018-01-30	가압류	41,453,375원	
2018-02-12	임의경매	653,452,160원	
2018-02-19	가압류	13,323,073원	
2018-02-28	가압류	18,364,635원	┘
2018-05-30	파산선○○		

갑구, 을구 상관없이 설정된 권리를 정리하면 위의 표와 같습니다. 1순위 근저당권, 2순위 근저당권, 3순위~7순위까지 가압류, 8순위 경매개시결정(임의경매)입니다. 여기서 ②기준권리는 근저당권(저당권), 압류(가압류), 담보가등기, 경매개시결정등기 중 가장 앞에 있는 2009년 10월 5일에 설정된 근저당권이 됩니다. 기준권리보다 앞에 나오는 권리는 없습니다. 등기부에 공시되는 모든 권리는 기준권리 보다 뒤에 있으므로, 경매로 모두 소멸됩니다. 매수인이 인수하는 권리가 없습니다. 이처럼 근저당권을 비롯해 가압류 및 경매개시결정에 대한 각각의 뜻을 몰라도 권리분석을 할 수 있습니다.

연체된 아파트 관리비는 누가 부담해야 할까?

맞벌이 부부인 공무원 D씨는 경매 입찰에 4번 참여했지만, 아쉽게도 번 모두 떨어졌다. 와신상담 끝에 드디어 마음에 쏙 드는 아파트를 발견했다.

등기부를 확인해 보니, 1순위 근저당권, 2순위 가압류, 3순위 압류, 4순위 경매개시결정 순이었다. 등기부에 공시되는 모든 권리는 경매로 소멸되는 것이었다. 부부는 다섯 번째 도전한 끝에 꿈에 그리던 아파트 매수에 성공했다. 소유자가 직접 살고 있어, 아파트를 인도 받는 것은 문제가 되지 않았다. 대금납부와 함께 소유권이전등기까지 마치고 입주할 준비를 했다. 그런데 아파트 관리소에서 연체된 관리비(160만원) 납부를 요구하고 있다. 전 소유자가 연체한 관리비까지 매수자가 부담해야 하는지 궁금해졌다.

경매로 아파트를 매수하는 경우, 종종 연체된 관리비 때문에 분쟁이 발생합니다. 대부분의 아파트단지 관리규약에는 연체된 관리비에 대해서 입주자 지위를 특별 승계한 사람에 대해서도 행사할 수 있도록 규정하고 있습니다. 이러한 규정을 근거로 매수자에게 전 소유자가 연체한 관리비를 납부하도록 요구한 것입니다.

그러나 아파트단지 관리규약을 근거로 연체된 관리비를 매수자에게 부담시키는 것은 입주자들의 자치 규범인 관리규약 제정의 한계를 벗어난 요구입니다. 다시 말해 매수자의 기본권을 침해하는 사항은 법률로 특별히 정하지 않는 한 사적 자치의 원칙(계약자유의 원칙)에 어긋난 요구입니다. 매수자인 D씨가 그 아파트의 관리규약을 명시적 · 묵시적으로 승인하지 않는 이상 연체된 관리비를 전부 부담할 필요는 없습니다.

물론 공동주택의 입주자들이 관리 · 사용 등의 사항에 관하여 관리규약으로 정한 내용은 그것이 낙찰 받기 이전에 제정된 것이라고 하더라도 매수자에 대하여 효력이 있습니다. 하지만 관리비에 관해서는 매수자도 입주자로서 앞으로 관리규약에 따른 관리비를 납부하여야 한다는 단순한 의미일 뿐입니다(집합건물의 소유 및 관리에 관한 법률 제42조 참조). 즉, 이러한 규정을 가지고 매수자가 전 소유자의 연체된 관리비를 내라고 말하는 것은 잘못된 요구입니다.

단 예외가 있습니다. 엘리베이터, 어린이 놀이터, 공동 헬스장 등 집합건물의 공용부분은 전체 공유자의 이익에 공여하는 것이며 공동으로 유지 · 관리하는 부분입니다. 적정한 유지 · 관리를 위해서는 비용이 들어갈 수밖에 없습니다. 따라서 공유부분에 들어가는 비용은 매수자의 의사와는 관계없이 청구할 수 있습니다(집합건물의 소유 및 관리에 관한 법률 제18조 참조). 연체된 관리비 중, 공용부분에 관한 미납금은 매수자가 부담해야 합니다.

③
이것만은 조심하자 1
대위변제

　지금까지 경매 절차와 권리분석의 출발점이 되는 기준권리 찾기에 대해 알아보았습니다. 다시 한번 강조하지만 경매는 매수자 입장에서만 생각하세요. 근저당권, 가압류 등 등기부에 등장하는 권리의 뜻을 몰라도 기준권리는 얼마든지 찾을 수 있습니다. 이것만 해도 권리분석의 절반을 끝낸 셈입니다.

　그러나 세상살이가 다 그렇듯이 예외가 있습니다. 지금부터는 기준권리 공식의 예외적인 경우를 설명합니다. 예외라고 하니 벌써부터 머리가 아플 수 있지만 리스크를 피하고 미래가치를 읽는 데 중요한 단초가 될 수 있는 내용들이니 함께 따라와 주십시오.

근저당권이란 쉽게 말해 은행 등에서 돈을 빌려줄 때 부동산을 담보로 설정한 권리를 말합니다. 만약 돈을 빌린 사람, 즉 채무자가 이자, 원금을 갚지 못할 경우 경매를 통해 빌려준 돈을 회수할 수 있는 권리라고 보시면 됩니다. 은행은 일반적으로 원금의 120%를 채권최고액으로 설정할 수 있습니다. 예를 들어 2억을 대출해준다면 2억 4,000만원이 설정금액으로 잡힙니다.

권리분석에서 중요한 것은 금액이 아니라 이 근저당권이 기준권리인가 아닌가를 파악하는 것입니다. 기준권리가 되는 근저당권 또는 기준권리 뒤에 설정된 근저당권은 모두 경매로 말소되므로 매수자가 신경 쓸 이유가 없습니다.

그러나 세상사에는 언제나 예외라는 게 있지 않습니까.

대표적인 예외 조건이 바로 대위변제입니다. 대위변제를 간단한 사례로 설명하겠습니다.

공무원인 Q씨는 경매물건을 살피던 중 마음에 드는 아파트를 발견했습니다. 등기부를 살펴보니 1순위 근저당권(3,000만원), 2순위 근저당권(2억원), 3순위 압류, 4순위 경매개시결정 순입니다. 경매신청은 2순위 근저당권자가 했습니다.

특이사항으로 매각물건명세서를 보니 1순위 근저당권이 설정된 이후에 전입신고를 마친 임차인(보증금 2억 5,000만원)이 있었습니다. 우리가 배운 공식대로 적용하면 기준권리는 1순위 근저당권입니다. 기준권리를 비롯해 등기부에 공시되는 모든 권리는 경매로 소멸되고, 매수인이 인수하는 권리는 하나도 없었습니다.

그런데 1순위 근저당권이 3,000만원의 소액입니다. 보증금 2억 5,000만원을 물리게 된 임차인이 대출금을 채무자의 빚을 대신 갚아주고 대항력을 주장할 수 있지 않을까요?

이처럼 채무자의 빚을 대신 갚아주는 것을 경매 용어로 대위변제라고 합니다. 우리 법은 정당한 이익이 있는 임차인이 대위변제를 통해 채권자를 대위할 수 있도록 규정하고 있습니다(민법 제481조 참조).

위의 물건을 낙찰받는다면 일반적으로는 경매절차 따라 1순위 근저당권은 경매로 소멸합니다. 따라서 후순위 임차인은 전입신고를 했다하더라도 대항력을 상실하게 됩니다. 즉, 경매로 선순위 근저당권이 소멸하면 그보다 후순위의 임차권도 선순위 근저당권이 확보한 담보가치의 보장을 위하여 그 대항력은 소멸합니다.

그런데 경매로 낙찰받은 매수인이 소유권을 취득하는 시점은 대금을 납부한 당일부터 입니다. 만약 대금 납부 전에 임차인이 채무자의 빚을 대신 갚아주면(대위변제) 선순위 근저당권이 소멸합니다. 그러면 후순위 임차인의 대항력은 소멸하지 않습니다. 이렇게 된다면 부동산을 낙찰받은 매수인은 큰 낭패를 보게 됩니다.

매수인이 반드시 기억해야 할 점은 임차인이 매수인에게 대위변제를 고지할 의무가 없다는 점입니다. 다만 매수인이 대항력 있는 임차권이 존속하게 된다는 사정을 알지 못하고 대금납부를 했다면 채무자는 매수인이 입게 된 손해를 배상해야 합니다(대법원 2002다

70075 참조).

정리해봅시다. 후순위 임차인 또는 전세권자 등이 대위변제를 할 수 있는 기한은 매수인이 대금을 납부하기 전까지 입니다. 후순위 임차인이 1순위 근저당권에 해당되는 대출금을 대위변제하고 그 근저당권을 소멸시켰다면 매수인은 후순위 임차인의 보증금을 책임져야 합니다. 그래서 매수인은 대위변제한 사실을 알았을 경우에는 빠르게 대응해야 합니다.

대위변제 사실을
- 매각허가결정 전에 알았다면, 매각불허가 신청을
- 대금납부하기 전에 알았다면, 매각허가결정취소 신청을
- 배당기일 전에 알았다면, 매각대금반환 청구를
- 배당이 끝난 후에 알았다면, 손해배상 청구 또는 부당이득반환 청구를 해서 손해를 방지해야 합니다.

물론 애초 이럴 가능성이 있는 물건은 피하는 것이 상책입니다.

1순위 근저당권의 대출금이 소액인 경우에는 후순위 임차인이 대위변제를 하고 대항력을 행사할 수 있기 때문에 입찰에 신중해야 합니다.

단, 여기에도 예외는 있습니다. 1순위 근저당권자가 임의경매를 신청한 경우에는 걱정할 필요는 없습니다. 이때는 대위변제를 하게 되면 경매 자체가 취소되므로 매수인이 금전적으로 손해를 보

지 않습니다. 물론 경매를 위해 들인 시간과 노력이 아깝겠지만 말입니다.

핵심 요약

대위변제는 채무자의 빚을 대신 갚아주는 것. 선순위 근저당권은 대금납부하기 전에 대위변제로 소멸될 수 있다. 이 경우 후순위 임차인의 대항력은 소멸되지 않는다.

낙찰 받은 후 대위변제 사실을
– 매각허가결정 전에 알았다면, 매각불허가 신청을
– 대금납부하기 전에 알았다면, 매각허가결정취소 신청을
– 배당기일 전에 알았다면, 매각대금반환 청구를
– 배당이 끝난 후에 알았다면, 손해배상 청구 또는 부당이득반환 청구를 통해 피해를 예방할 수 있다.

④
이것만은 조심하자 2
전 소유자의 가압류

돈을 빌려준 사람(채권자)이 돈을 빌려간 사람(채무자)을 상대로 소송을 제기할 때 채무자가 고의로 재산을 팔거나 숨겨버리면 재판에 이겨도 돈을 돌려받을 수 없겠죠! 이를 방지하기 위해서 법에 따라 채무자의 재산을 임시로 동결하는 것을 가압류라고 합니다.

채권자가 가압류를 신청하면 법원이 이를 따져 등기부에 '가압류'라고 기재합니다. 가압류가 기재되면 소송 중에 채무자가 마음대로 해당 재산(여기서는 부동산이겠죠)을 처분할 수 없고, 채권자가 재판에서 이기면 경매를 통해 가압류된 재산을 처분할 수 있습니다.

권리분석을 할 때, 신경 써야 하는 가압류 사례로는 전 소유자의 가압류가 있습니다.

사례로 알아봅시다. 대구에 사는 Y씨는 경매를 통해 내 집 마련을 하려고 합니다. 그러던 중, 마음에 드는 아파트(전용면적 59㎡)를 발견했습니다.

등기부를 살펴보니 이 물건은 1차 유찰된 상태입니다. 입찰 최저가는 주변 매매시세보다 20% 정도 쌉니다. 괜찮은 물건으로 보입니다.

권리관계는 1순위 가압류(전 소유자의 가압류), 2순위 소유권, 3순위 근저당권, 4순위 가압류, 5순위 경매개시결정(임의경매) 순입니다. 기준권리는 1순위 가압류입니다. 따라서 후순위 권리는 모두 경매로 소멸됩니다.

여기서 조심해야 할 것이 있습니다. 이 물건처럼 1순위 가압류가 '전 소유자의 가압류'로 되어 있을 경우 매수자가 인수하는 권리일 수 있습니다. 이처럼 권리분석을 할 때 같은 가압류가 혹시 '전 소유자에 의한 가압류'는 아닌지 꼭 살펴야 합니다.

전 소유 가압류는 어떤 것일까요? 부동산에 1순위 가압류 이후, 그 소유권이 제3자에게 이전되고 그 후 제3취득자의 채권자(근저당권자 등)가 경매를 신청하여 매각되는 경우가 있습니다. 이를 전 소유자의 가압류라고 합니다.

전 소유자의 가압류는 경매절차에서 해당 부동산의 매각대금 중 가압류결정 당시의 청구금액을 한도로 배당을 받을 수 있습니다. 이 경우 전 소유자를 채무자로 한 가압류는 경매로 소멸되며 매수자가 인수하지 않습니다.

그러나 법원이 전 소유자를 채무자로 하는 가압류 채권의 부담을 매수인이 인수하는 것을 전제로 경매절차를 진행할 수도 있습니다. 이런 경우에는 가압류 채권자는 배당절차에서 배제되며 매수자가 인수해야 합니다.

따라서 "1순위가 전 소유자의 가압류이며, 법원이 가압류의 부담을 매수인이 인수하는 것을 전제로 하여 매각절차를 진행하고 있는지"를 반드시 따져야 합니다. 자칫 당연히 소멸된다고 생각하고 낙찰을 받았다가 낭패를 당할 수 있습니다.

핵심 요약

가압류는 금전채권이나 금전으로 환산할 수 있는 채권에 대하여 동산 또는 부동산에 대한 장래의 강제집행을 보전하기 위해 현재의 재산을 확보해 두는 절차(민사집행법 제276조 참조).

- 전 소유자에 대한 가압류는 경매로 소멸 될 수도, 인수해야 할 수도 있다.

- 반드시 법원이 전 소유자의 가압류의 부담을 매수인이 인수하는 것을 전제로 하여 매각절차를 진행하였는가 여부에 따라 위 가압류 효력의 소멸 여부를 판단해야 한다(대법원 2005다8682 참조).

이것만은 조심하자 3
조세채권

회사원 A씨는 2021년 1차(감정가 3억 1,000만원)에서 유찰된 아파트를 발견했습니다.

경기도 파주시 금촌동에 소재한 후곡마을뜨란채아파트로 전용면적 75.79㎡, 대지권 46.531㎡인 물건입니다. 1차 감정가 대비 30% 떨어진 2억 1,700만원이 2차 감정가입니다. A씨는 경매에 앞서 현장탐방부터 했습니다.

이 아파트는 경의·중앙선 금릉역에서 도보로 4분 거리에 위치해 있었고 제4차 철도안전종합계획에 따르면 지하철 3호선이 대화역에서 금릉역까지 연장되는 것으로 확정된 상태였습니다. 동네 중개업소를 통해 시세를 확인해 보니 매매는 4억원 수준입니다. 전세는 2억 5,000만원에서 3억 4,000만원 수준. 매매가와 전셋가의 차이

2021 타경 **61726**

2021타경67922(중복)

경기도 파주시 금○○○○, 후곡마을○○		감정가 (21.03.16)	**310,000,000**원
도로명주소	다음지도　네이버지도　도시계획지도	최저입찰가 (70%)	**217,000,000**원
		입찰보증금 (10%)	**21,700,000**원

| 토지이용계획 | 사진보기 | 건물등기 | 감정평가서 | 현황조사서 | 매각물건명세서 | 부동산표시목록 | 경매진행내역 | 예상배당 |

담당계:의정부지방법원 고양지원 8계(031-920-6318)

매각기일	경매개시결정일	배당요구종기일	
2022-01-11 (10:00)	2021-03-02	2021-05-27	
물건종류	전용면적	대지권	
아파트	75.79㎡ (23평)	46.531㎡ (14평)	
채무자 / 소유자	특수권리 / 물건		
이○○ / 이○○	대항력 있는 임차인		

매각결정기일 : 2022.01.18

▌입찰진행내용

구분	입찰기일	최저매각가격	결과
① 1차	2021-11-30	310,000,000원	유찰
2차	2022-01-11	**217,000,000원**	

▌임차현황　　　　　　　　　· 기준권리일: 2019.05.15　　· 배당요구종기일: 2021.05.27

임차인	점유부분	전입/확정/배당	보증금/차임	배당예상금액	대항력
임○○	주거용 전부	전입일자: 2017.09.25 확정일자: 2017.09.25 배당요구: 2021.02.25	보증금액: 235,000,000원	배당순위있음	있음
임차인분석	☞임차인은 경매신청채권자이고, 배당요구일자는 경매신청일(2021.02.25.)임. ☞현황조사시 만난 임차인이 배우자(송선영)에게 현황조사에 대해서 설명하고 안내문을 교부하였음. 거주자의 진술 및 전입세대 열람 내역에 소유자외의 ' 임건순'이 등재되어있는 것으로 보아 임차인이 점유하는 것으로 보이나 점유관계 등은 별도의 확인 요함. ☞임건순:임차인 임건순은 경매신청채권자이고, 배당요구일자는 경매신청일임. ▶매수인에게 대항할 수 있는 임차인이 있으며, 보증금이 전액 변제되지 아니하면 잔액을 매수인이 인수함				

　는 임대차 3법의 영향으로 이중가격이 형성된 탓으로 보였습니다.

아파트 단지뿐만 아니라 동네까지도 마음에 쏙 들었습니다.

　　①1차 감정가 수준으로 낙찰만 받으면 9,000만원 정도의 자본수

| 등기현황

	접수일자	권리종류	권리자	채권금액	비고
①	2019-05-15	가압류	국○○	59,556,547원	**기준권리**
②	2020-02-24	압류	군○○		
③	2020-07-14	압류	만○○		
⑤	2020-08-04	임차권(전부)	임○○	235,000,000원	전입:2017.09.25 확정:2017.09.25
	2020-12-18	가압류	농○○	19,633,951원	
	2021-03-02	강제경매	임○○	235,000,000원	
④	2021-03-16	압류	국○○		
	2021-03-25	압류	파○○		
	2021-08-13	강제경매	예○○	39,426,058원	

익은 보장되는 셈입니다. 교통여건 등을 고려해 볼 때 미래가치도 좋아 보입니다. A씨는 경매에 참여할 생각으로 권리분석에 들어갑니다. 등기현황을 정리하면 다음과 같습니다.

시간 순서대로 정리하면 1순위 가압류(국민은행), 2순위 압류(군포시), 3순위 압류(안양세무서), 4순위 임차권, 5순위 가압류, 6순위 경매개시결정(강제경매), 7순위 압류(국민건강보험공단), 8순위 압류(파주시)입니다. 기준권리는 ① 1순위 가압류고, 뒤에 나오는 권리는 경매로 소멸합니다.

그런데 ⑤ 4순위 임차권자는 대항력과 우선변제권을 갖고 있고, 보증금(2억 3,500만원)에 대해서는 배당요구를 한 상태입니다. 만약 임차인이 보증금을 낙찰금에서 전액 배당 받지 못하면 나머지 금액을 매수인이 인수해야 합니다. 그러나 A씨가 입찰가 3억원으로 낙찰 받으면 임차인은 보증금 전액(2억 3,500만원)을 배당받을 수 있으니 문제될 게 없어 보입니다.

위의 권리분석은 완벽한 것처럼 보입니다. 하지만 조세채권에 대해서 간과한 부분이 있습니다. 법적으로 '조세채권 우선원칙'이란 것이 있습니다. 이 원칙을 따르면 세금은 대항력과 우선변제권을 갖춘 임차인보다 배당에서 앞서게 됩니다. 따라서 법에 따라 배당순위를 다시 정리하면 1순위 비용상환청구권, 2순위 소액보증금, 임금채권, 3순위 당해세(국세, 지방세), 4순위 근저당권, 전세권, 대항력과 우선변제권을 갖춘 임차인 순입니다. 즉, 압류(조세채권)보다 앞서 대항력과 우선변제권을 갖춘 임차인이 배당요구를 한 때에도 배당절차에서는 조세채권이 먼저 배당을 받게 됩니다.

이 물건을 3억원에 낙찰을 받으면 실제 배당은 다음과 같은 순서로 진행됩니다.

②압류(군포시), ③압류(안양세무서), ④압류(파주시), ⑤임차인(보증금 2억 3,500만원) 순입니다. 여기서 3건의 압류(조세채권)금액이 1억원이라면, 임차인은 보증금 중 2억원만 배당 받게 되고, 나머지 3,500만원은 매수인이 인수해야 합니다. A씨가 이를 모르고 낙찰 받았다면 황당하겠죠.

조세채권 같은 당해세는 매각부동산 자체에 부과된 세금으로 국세와 지방세로 나누어집니다. 국세는 상속세, 증여세, 종합부동산세가 해당합니다. 지방세는 재산세, 자동차세, 도시계획세, 공동시설세, 지방교육세 등이 있습니다. 지금 열거한 당해세는 압류 등기 일자와 상관없이 법정기일이 임차인의 우선변제권(확정일자)보다 빠르면 우선하여 배당을 받습니다. 이때 당해세는 경매개시결정등기 전에 압류등기를 해야 합니다. 만약 경매개시결정등기 이후에 압류등기가 이뤄진다면 매각기일까지 배당요구로서 교부청구를 하여야만 배당을 받을 수 있습니다(대법원 2000다21154 참고).

그런데 당해세인 국세나 지방세의 압류 금액은 배당요구종기 이후에도 확인하기가 어렵습니다. 경매법원이나, 관할 세무서와 구청에 조심스럽게 확인해 볼 필요가 있습니다. 물론 정확한 금액을 듣기는 어려울 겁니다. 낙찰 후에는 서류열람이 가능하지만 자칫 사후약방문(死後藥方文)이 될 수도 있으니 압류가 설정되어 있는 물건이라면 조심해야 합니다.

대항력과 우선변제권을 갖춘 임차인이 배당을 신청한 물건 중에 앞의 사례처럼 조세채권이 있는 경우라면 권리분석에 주의해야 합니다. 다만, 소유자가 점유하고 있거나, 임차인이 대항력이 없는 경우라면 조세채권의 위험은 없습니다.

선순위 권리들:
권리분석으로
숨은 미래가치를 찾는 법

3강에서는 권리분석을 통해 부동산의 옥석을 가리는 법을 소개합니다.

부동산은 저마다 나름의 스토리를 가지고 있습니다. 이를 읽어내는 안목이 있는 사람들이 부동산 재벌이 됩니다.

어떻게 부동산을 보는 안목을 기를 수 있을까요? 시험을 잘 보는 가장 좋은 방법은 기출문제를 풀어보고 오답노트를 만드는 것이라 했습니다. 여기서는 다양한 사례분석을 통해 투자해도 되는 물건인지, 피해야 되는 물건인지를 판단하는 법을 소개합니다.

여기서 소개하는 사례는 실제로 경매에 나왔던 물건들입니다. 이것들만 잘 공부해도 실패하지 않는 투자를 할 수 있습니다.

① 약이 되는 임차인, 독이 되는 임차인
_선순위 임차인

등기부에서 기준권리보다 앞서 등장하는 권리 중 지역권, 지상권, 가처분, 가등기, 전세권, 환매특약등기 등의 권리는 원칙적으로 매수인이 인수해야 합니다.

그래서 이런 선순위 권리가 등장하는 물건들은 유찰이 많이 되고 경쟁률도 낮습니다. 그러나 잘만 살펴보면 이들 물건 중에서 숨겨진 보석을 찾을 수 있습니다. 다양하고 아리송한 경우가 많지만 대표적인 사례 들을 통해 알아보겠습니다.

아파트, 빌라, 다가구, 오피스텔 등을 경매할 때 가장 많이 등장하는 사례 중 하나가 선순위 임차인이 있는 경우입니다. 선순위 임차인이란 기준권리보다 앞서서 전입신고 한 임차인으로 낙찰자(매수인)

가 인수하는 경우와 인수하지 않아도 되는 경우로 나뉩니다. 이 두 경우를 알아내는 것만으로도 물건의 미래가치가 달라집니다.

사례를 통해 알아봅시다.

인천에 살고 있는 C씨는 아파트 구입을 위해 경매 공부를 하고 있습니다. 주말마다 경매 물건으로 나온 인천 시내의 아파트를 찾아다니다가 마침내 마음에 쏙 드는 물건(인천시 갈산동 소재 아파트)을 발견했습니다. 그런데 선뜻 경매에 나서지 못하고 있습니다. 다름 아닌 임차인 걱정 때문입니다.

경매로 나온 아파트 중 유찰횟수가 많은 물건은 대항력과 우선변제권을 갖춘 임차인(선순위 임차인)이 존재하는 경우가 많습니다. 유찰 횟수가 많다는 것은 꺼려지는 물건이란 이야기입니다. 대항력이 있는 임차인이 있는 물건이라면 일단 피하고 보라는 조언을 하는 전문가들도 있습니다.

대항력이란, 임차인이 제3자(매수인 포함)에게 자신의 임대보증금을 주장할 수 있는 권리를 말합니다. 대항력은 임차인이 주택의 인도(引渡)와 전입신고(주민등록)를 마치면, 그 다음 날부터 제3자에 대하여 효력이 발생합니다.

우선변제권은 후순위 채권자보다 우선해서 배당을 받을 수 있는 권리입니다. 우선변제권을 갖추려면 임대차계약서에 확정일자가 있어야 하며, 확정일자는 기준권리보다 일자가 하루라도 빨라야 합니다. 만약, 늦으면 순위에 따라 배당을 받게 됩니다. 또한 배당요구종기까지 배당요구를 해야 우선변제권이 보장됩니다.

대항력과 우선변제권을 가진 임차인이 배당요구를 하면, 낙찰된 금액에서 보증금을 먼저 배당받을 수 있습니다. 이때 낙찰금액이 보증금보다 많아서 보증금을 전액 배당 받는다면 매수인이 책임져야 하는 보증금은 없습니다. 그러나 낙찰금액이 보증금보다 적어서 전액 배당받지 못한다면 잔여 보증금을 매수인이 인수해야 합니다.

간혹 대항력과 우선변제권을 갖춘 임차인이 배당요구종기까지 배당요구를 하지 않는 경우가 있습니다. 특히 유찰 횟수가 많은 아파트를 살펴보면, 배당요구를 하지 않은 임차인이 존재하는 경우가 많은데 그렇다고 해서 무조건 문제가 있는 물건이라고 넘겨짚지 마시길 바랍니다. 왜 배당요구를 하지 않았는지 현장탐방 등을 통해 살펴보면 의외로 낮은 금액에 낙찰을 받을 수 있는 기회가 되기도 합니다.

경매를 할 때 매수인은 다음 3가지 경우의 대항력 있는 임차인은 조심해야 합니다.

첫째, 대항력과 우선변제권을 갖춘 임차인이 배당요구를 하지 않았거나, 배당요구종기가 지나서 배당요구 한 경우. 임차인은 배당절차를 통해 보증금을 받지 못합니다. 따라서 보증금은 매수인이 인수해야 합니다.

둘째, 대항력은 갖추었지만 우선변제권이 없는 경우. 임대차계약서에 확정일자가 없는 임차인을 말합니다. 이런 경우에도 배당요구

☼ 2018 타경 3320

☆ 관심 | 입찰표 | 🖨

인천광역시 부평구 갈○○○○, 하나 104○○			감정가 (18.02.20)	291,000,000원
도로명주소	다음지도 네이버지도 도시계획지도		최저입찰가 (70%)	203,700,000원
			입찰보증금 (10%)	20,370,000원
토지이용계획	사진보기 건물등기 감정평가서	현황조사서 매각물건명세서 부동산표시목록 경매진행내역 예상배당		

담당계:인천지방법원 본원 15계(032-860-1615)

매각기일	경매개시결정일	배당요구종기일
2018-11-06 (10:00)	2018-02-12	2018-05-08
물건종류	전용면적	대지권
아파트	84.75㎡ (26평)	35.8㎡ (11평)
채무자 / 소유자	특수권리 / 물건	
(주)상○○ / 조○○	대항력 있는 임차인	

입찰진행내용

구 분	입찰기일	최저매각가격	결 과
1차	2018-09-27	291,000,000원	유찰
① 2차	2018-11-06	203,700,000원	

등기현황

접수일자	권리종류	권리자	채권금액	비 고
2011-06-09	근저당권	(주)덕○○	250,000,000원	기준권리
2018-02-12	임의경매	(주)덕○○	250,000,000원	

는 할 수 있지만, 배당받을 수는 없습니다. 우선변제권이 없기 때문입니다. 마찬가지로 보증금은 매수인이 책임져야 합니다.

셋째, 경매절차로 보증금을 전액 배당 받지 못한 경우. 이때에도 잔여 보증금은 매수인이 인수해야 합니다.

위의 3가지 조건을 기억하고 C씨의 사례를 살펴봅시다. C씨가 관심을 보인 아파트(인천지방법원 사건번호 2018-3320)의 정보는 위의 표

임차인	점유부분	전입/확정/배당	보증금/차임	배당예상금액	대항력
임○○	주거용 전부	전입일자: 2017.09.25 확정일자: 2017.09.25 배당요구: 2021.02.25	보증금액: 235,000,000원	배당순위있음	있음

② 임차인분석

☞ 임차인은 경매신청채권자이고, 배당요구일자는 경매신청일(2021.02.25.)임.
☞ 현황조사시 만난 임차인이 배우자(송선영)에게 현황조사에 대해서 설명하고 안내문을 교부하였음. 거주자의 진술 및 전입세대 열람 내역에 소유자외의 ˙
임건순˙이 등재되어있는 것으로 보아 임차인이 점유하는 것으로 보이나 점유관계 등은 별도의 확인을 요함.
☞ 임건순:임차인 임건순은 경매신청채권자이고, 배당요구일자는 경매신청일임.

와 같습니다. 등기부의 권리관계는 단순합니다. 1순위 근저당권, 2순위 경매개시결정(임의경매) 순입니다. 등기부에 공시되는 모든 권리는 경매로 소멸됩니다. ① 가격 또한 1차감정가(2억 9,100만원) 대비 30%인 8,730만원이나 가격이 떨어진 2억 370만원입니다.

그런데도 부부가 선뜻 경매에 나서지 못하는 이유가 있습니다. 바로 임차인이 대항력과 우선변제권을 갖고 있기 때문입니다. ② 등기부를 보면 대항력과 우선변제권을 가진 임차인의 보증금이 1억 3,000만원이라고 되어 있습니다. C씨는 낙찰을 받더라도 추가로 보증금을 인수해야 하지 않을까 걱정이 됩니다.

결론부터 말하자면, 임차인에 대해서는 크게 걱정할 필요가 없습니다. 왜냐하면 임차인이 기준권리(2011.6.9)보다 앞서 전입신고(2011.3.16)와 임대차계약서에 확정일자(2011.3.16.)까지 받았기 때문입니다. 또한 배당요구종기(2018.5.8) 전에 배당요구(2018.3.23.)까지 했습니다. 따라서 2차 매각금액(2억 370만원) 이상으로 낙찰만 되면 임차인은 보증금을 전액 배당 받습니다. 그러면 매수인이 인수해야 하는 보증금은 없다는 뜻입니다.

사례: 오피스텔에도 대항력이 인정받을까?

회사원 Y씨는 오피스텔에서 월세로 살고 있다. 집주인이 월세를 대폭 인상하면서 이사를 준비 중이다. 오피스텔 구입을 목표로 부동산을 살펴보고 있는데 경매를 통해 싸게 오피스텔을 매매할 수 있다는 말에 경매 물건을 살피게 됐다. 거주를 위해 알아보는 중이지만, 미래 가치도 염두에 두고 있다. 회사가 위치한 여의도에서 출퇴근 30분 이내에 가능한 지역을 찾고 있는데 마침 문래동에 위치한 오피스텔(서울남부지원 사건번호 2017-11688)이 눈에 들어왔다.

Y씨가 관심을 둔 물건은 ① 2차(감정가 2억 9,600만원) 매각기일을 앞두고 있습니다. 1차감정가(3억 7,000만원) 대비 7,400만원(20%)이 떨어진 상태입니다. 등기부현황을 정리해 봅시다.

1순위부터 5순위까지 가압류, 6순위 경매개시결정(강제경매) 순입니다. ② 1순위 가압류가 기준권리가 되고 등기부에 공시된 모든 권리는 경매로 소멸됩니다.

2017 타경 **11688**

서울특별시 영등포구 문래○○○○, 신일아르○○			감정가 (17.11.18)	**370,000,000**원
도로명주소	다음지도	네이버지도	도시계획지도	최저입찰가 (80%)	**296,000,000**원
				입찰보증금 (10%)	**29,600,000**원

| 토지이용계획 | 사진보기 | 건물등기 | 감정평가서 | 현황조사서 | 매각물건명세서 | 부동산표시목록 | 경매진행내역 | 예상배당 |

담당계:서울남부지방법원 본원 11계(02-2192-1302)

매각기일	경매개시결정일	배당요구종기일
2018-08-28 (10:00)	2017-11-13	2018-02-13
물건종류	전용면적	대지권
오피스텔	82.91㎡ (25평)	22.807㎡ (7평)
채무자 / 소유자	특수권리 / 물건	
전○○ / 전○○	대항력 있는 임차인	

입찰진행내용

구 분	입찰기일	최저매각가격	결 과
1차	2018-06-05	370,000,000원	유찰
	2018-07-18	296,000,000원	변경
① 2차	2018-08-28	296,000,000원	

등기현황

접수일자	권리종류	권리자	채권금액
② 2017-07-07	가압류	전○○	500,000,000원
2017-07-25	가압류	신○○	760,000,000원
2017-08-24	가압류	국○○	193,644,277원
2017-09-04	가압류	중○○	116,600,000원
2017-09-07	가압류	신○○	1,980,000,000원
2017-11-13	강제경매	국○○	192,898,016원

임차현황

- 기준권리일: 2017.07.07
- 배당종기일: 2018.02.13

임차인	전입/확정/배당	보증금/차임	대항력
이○○	전입일자: 2017.09.19 확정일자: 미상 배당요구: 없음	미상	없음
이△△	전입일자: 2016.12.22 확정일자: 2016.12.23 배당요구: 2018.02.01	보증: 280,000,000원	있음
③ 임차인분석	임차인수: 2명, 임차보증합계: 280,000,000원 ☞폐문부재로 안내문을 남겨두고 왔으나 아무연락이 없어 점유관계 미상이나 전입세대열람내역서상 소유자세대 아닌 세대주 이○○의 주민등록등본이 발급되므로 임대차관계조사서에 이△△를 일응 임차인으로 등재함 ☞동거인으로 등재된 이○○도 임차인으로 등록함 ☞이○○ :임차인 이△△의 동거인이며 임대차계약서상 공동명의인임! ▶매수인에게 대항할 수 있는 임차인 있으며, 보증금이 전액 변제되지 아니하면 잔액을 매수인이 인수함		

문제는 대항력 있는 임차인입니다. 매각물건명세서를 정리해보면, ③ 배당요구를 한 임차인이 존재합니다. 따라서 대항력과 우선변제권이 있는 임차인이 보증금 전액을 배당 받지 못한 경우에는 그 보증금 잔액은 매수인이 인수해야 합니다.

그러나 대항력 있는 임차인이라고 해서 매수인이 무조건 보증금을 인수하는 것은 아닙니다. 그러므로 경매를 참여할 때는 단순히 경매금액만 볼 것이 아니라 추가로 매수해야 하는 보증금의 규모까지 파악해야 합니다.

Y씨의 사례의 경우, 임차인의 전입신고 및 확정일자는 기준권리보다 빠르며 임차인은 보증금(2억 8,000만원)에 대해 배당요구종기까

지 배당요구를 했습니다. 2차 매각기일에 최저매각금액 이상으로 낙찰이 된다면, 임차인은 보증금 전액을 배당 받을 수 있습니다. 매수인 입장에서 보면 약(藥)이 되는 임차인입니다.

그러나 만약 2차 매각에서 유찰된다면 이야기는 달라집니다. 3차 최저매각금액은 2억 3,680만원으로 떨어지게 되어 최저매각금액으로 낙찰될 것으로 가정해보면, 임차인은 보증금 일부만 배당 받게 되며 매수인은 잔여 보증금을 인수해야 합니다. 참고로 이 물건의 경우 2차에서 최종 3억 4,389만원에 낙찰되어 매수인이 추가로 지출한 금액은 없었습니다.

사례: 배우자와 임대차계약해도 대항력이 성립할까?

H씨는 2차까지 유찰된 아파트가 있어 경매에 참여했다. 등기부를 살펴보니, 기준권리인 근저당권 뒤에는 가압류 3건이 있었다. 그런데 기준권리 앞에는 대항력을 갖춘 임차인이 있었다. 확인해보니 채무자의 배우자였다. 가족 간의 임대차계약도 대항력이 인정될까?

경매로 나온 주택의 경우 위장 임차인 즉, 가짜 임차인 때문에 유찰되는 경우가 있습니다. 소유자(채무자)의 배우자를 비롯해 부모 또는 자식, 형제자매 등을 형식적인 조건(전입신고)만을 내세워 대항력을 주장하는 경우도 있습니다. 가족이 아닌 친구 또는 지인을 가짜 임차인으로 내세우기도 합니다.

그러나 가짜는 가짜일 뿐입니다.

가족을 내세워 가짜 임차인 행세를 하는 경우에는 대항력을 인정받을 수 없습니다. 다만 임차계약의 기본은 임차인이 임차주택을 사용 및 수익해야 합니다(대법원 2000다24191 참조). 그러므로 가족 간의 경우에도 임차주택을 사용 및 수익할 목적으로 임대차계약을 하고, 보증금의 흐름(자금출처)이 분명하다면 대항력은 인정됩니다.

그런데 채무자가 동생 소유의 아파트에 근저당권설정을 해주면서 "자신은 임차인이 아니다. 그리고 어떠한 권리도 주장하지 않겠다"는 무상거주확인서를 작성해 주었다면 대항력은 인정되지 않습니다(대법원 99마4307 참조). 따라서 이에 반하는 임대차계약은 성립되지 않습니다(민법 제826조 참조).

그러나 이혼을 하면서 위자료 또는 재산분할의 대가로 임대차계약을 한 경우에는 정상적인 임대차계약으로 간주합니다. 하지만 이혼한 배우자 명의로 가짜 임대차계약서를 만들어 대항력을 갖춘 임차인 행세를 하면, 오히려 경매입찰방해죄가 성립되어 2년 이하의 징역 또는 700만원 이하의 무거운 처벌을 받을 수 있습니다.(형법 제315조 참조).

사례: 무상거주확인서를 써 줬으면 대항력은 없다

자영업자 P씨는 경매로 나온 빌라(서울중앙지원 사건번호 2018-313)에 관심이 많다. 이 물건은 ①2차(감정가 3억 3,920만원) 매각을 앞두고 있다. 사당동에 위치한 다세대(빌라)로 1차 감정가 4억 2,400만원 대비 8,480만원이 떨어진 상태다. 최저매각금액 수준으로 낙찰받기만 해도 최소 5,000만원 이상의 자본수익은 생길 것으로 보인다. 실제로 그럴까?

권리분석을 해봅시다. 등기현황을 보면 1순위 근저당권, 2순위 ~6순위 가압류, 7순위 압류, 8,9순위 가압류, 10위 경매개시결정(임의경매) 순입니다. 기준권리(1순위 근저당권)는 경매로 소멸되고 기준권리보다 뒤에 공시된 모든 권리 역시 경매로 소멸됩니다. 매수인이 인수하는 권리는 없습니다.

그러나 매각물건명세서를 확인해보니, ②대항력 있는 임차인이 두 명이나 있습니다(122쪽 표 참조).

우선 임차인 A씨를 봅시다. 분명 대항력 있는 임차인입니다. 우선변제권이 있어 배당요구까지 한 상태입니다. 만약 여러 번 유찰되어 임차인 A씨의 보증금 3억 3,000만원을 전액 배당 받지 못한다면 그 잔여 보증금을 인수해야 합니다. 그러나 이번 2차 매각에 낙찰이 된다면 임차인 A씨는 보증금 3억 3,000만원에 대해서는 전액

☆ 관심　📄 입찰표　🖨

	서울특별시 동작구 사당동○○○○, 오림아파○○	감정가 (18.02.06)	**424,000,000원**
	도로명주소　　다음지도　네이버지도　도시계획지도	최저입찰가 (80%)	**339,200,000원**
		입찰보증금 (10%)	**33,920,000원**

토지이용계획　사진보기　건물등기　감정평가서　현황조사서　매각물건명세서　부동산표시목록　경매진행내역　예상배당

담당계:서울중앙지방법원 본원 4계(02-530-1816)

매각기일	경매개시결정일	배당요구종기일
2018-10-04 (10:00)	2018-01-11	2018-03-28
물건종류	전용면적	대지권
다세대(빌라)	85.63㎡ (26평)	34.95㎡ (11평)
채무자 / 소유자	특수권리 / 물건	
파○○ / 박○○	위반건축물 / 대항력 있는 임차인	

입찰진행내용

구분	입찰기일	최저매각가격	결과
1차	2018-08-09	424,000,000원	유찰
① 2차	**2018-10-04**	**339,200,000원**	

임차현황
· 기준권리일: 2016.09.12　· 배당요구종기일: 2018.03.28

임차인	점유부분	전입/확정/배당	보증금/차임	배당예상금액	대항력
② 김A○	주거용 402호 전부	전입일자: 2016.08.25 확정일자: 2016.08.25 배당요구: 2018.02.26	보증금액: 330,000,000원	배당순위있음	있음
신B○	주거용	전입일자: 2016.08.25 확정일자: 미상 배당요구: 없음	③ 미상	배당금 없음	있음

임차인수: 2명 , 임차보증합계: 330,000,000원

임차인분석	⇒임대차계약서상 계약자는 세대주 자녀인 '김나영'이라고 함. ⇒본건 부동산에 소유자가 직접 점유하고 있지 않고 목적물 전부에 대하여 임대 대상 있음.(본건 부동산 임차인과 면담) ▶매수인에게 대항할 수 있는 임차인 있으며, 보증금이 전액 변제되지 아니하면 잔액을 매수인이 인수함

배당 받을 수 있습니다. 당연히 매수인이 인수하는 보증금은 없을
것으로 보입니다.

　문제는 임차인 B씨. 전입신고(2016. 8. 15)를 마쳤기 때문에 대항력

이 있는 임차인입니다. 그러나 대항력이 있는 임차인 중에는 가짜뿐만 아니라 무상임차인도 있습니다. 전입신고만 해도 대항력을 주장할 수 있기 때문입니다.

원칙적으로 임차인이 있으면 보증금만큼 주택담보대출을 한도가 줄어듭니다. 그러나 ③임차인이 보증금 없이 무상으로 거주하고 있는 경우에는 사정이 다릅니다. 대항력이 있는 임차인이라 해도 무상거주확인서를 작성해 준 사실이 있다면 대항력을 주장할 수 없습니다(대법원 2016다248431 참조).

참고로 금융기관에서는 임차인이 있다면 허술하게 대출해 주지는 않습니다. 임차인의 보증금을 대출금 한도에서 공제하거나, 무상거주확인서를 받아 둡니다. 만약 무상거주확인서가 있다면, 매수인이 인수하는 보증금은 없습니다. 따라서 경매물건의 기록열람을 통해 무상거주확인서가 있는지 확인해보고 입찰에 참여하는 것이 좋습니다

핵심 요약

지금까지 약이 되는 임차인과 독이 되는 임차인을 구별하는 법을 여러 사례를 통해 알아보았습니다. 이를 간단한 표로 정리하면 다음과 같습니다. 선순위 임차인만 잘 분석해도 진흙 속에서 보석을 찾아낼 수 있습니다.

약이 되는 임차인

임차인	기준권리 보다	기준권리	효과	비고
전입신고	〉	근저당권	대항력	있음
확정일자	〉	근저당권	우선변제권	있음
배당요구	〉	배당요구종기	배당	배당

약이 되는 임차인은 매수인이 인수하는 권리가 없다. 다만 보증금 전액을 배당받지 못하면, 잔여 보증금은 매수인이 인수해야 한다.

독이 되는 임차인1

임차인	기준권리 보다	기준권리	효과	비고
전입신고	〉	근저당권	대항력	있음
확정일자	〈	근저당권	우선변제권	있음
배당요구	〉	배당요구종기	배당순위에 따라	배당

독이 되는 임차인2

임차인	기준권리 보다	기준권리	효과	비고
전입신고	〉	근저당권	대항력	있음
확정일자	〉	근저당권	우선변제권	없음
배당요구	〈	배당요구종기	배당없음	없음

단, 채권을 보증금으로 대체하는 전입신고는 대항력이 인정되지 않는다.

무상거주확인서를 썼다면, 금반언 및 신의칙에 위배되어 대항력이 인정되지 않는다.

경매 Tip

상가에 딸린 방, 경매 당하면 보호받을 수 있을까

맞벌이 부부 F씨는 월급만 가지고는 돈을 모을 수 없다는 사실은 깨닫고 임대수익을 기대할 수 있는 상가 투자에 나섰다. 물건을 살피던 중, 방이 딸린 상가를 발견했다. 등기부를 보니 1순위 근저당권, 2순위 근저당권, 3순위 가압류, 4순위 경매개시결정(임의경매) 순이었다. 모든 권리는 경매로 소멸하는 것으로 판단했다. 그런데 현황을 살펴보니, 임차인 K씨가 상가를 임차(보증금 3,000만원, 월세 50만원)해 채소 가게를 하고 있었다. 점포에는 방이 딸려 있었고, 가족과 함께 숙식도 겸하고 있었다. 다행히 임차인이 사업자등록 신청은 하지 않았지만, 1순위 근저당권이 설정되기 전에 확정일자 없이 주민등록 전입신고만 마치고 배당요구를 한 상태였다. 혹시 상가에 방이 딸린 경우, 주택 임차인으로서 보호받을 수 있는지, 그러면 임차인의 보증금은 매수인이 인수해야 하는지 궁금하다.

대항력은 임차인이 제3자에게 자신의 권리(보증금)를 주장할 수 있는 것을 말합니다. 주택의 경우, 임대차는 그 등기가 없는 경우에도 임차인이 주택의 인도와 주민등록을 마친 때에는 그다음 날부터 제3자에 대하여 효력이 생깁니다. 이 경우 전입신고를 한때에 주민등록이 된 것으로 봅니다(주택임대차보호법 제3조 참조). 상가의 경우, 임대차는 등기가 없는 경우에도 임차인이 건물의 인도와 부가가치세법 제8조, 소득세법 제168조, 법인세법 제111조에 따른 사업자등록을 신청하면 그다음 날부터 제3자에 대하여 효력이 생깁니다(상가건물 임대차보호법 제3조 참조).

이처럼 주택과 상가는 대항력의 요건이 다릅니다. 상가를 임차해 사업자등록 신청을 하지 않았다면 상가건물임대차보호법의 보호를 받을 수 없습니다. 그러나 상가에 딸린 방에서 가족과 함께 거주하고, 전입신고를 마쳤다면 주택임대차보호법의 보호를 받을 수 있습니다. 임대보증금이 소액보증금인 경우에는 배당절차를 통해 최우선변제를 받을 수 있습니다.

주택임대차보호법의 적용 대상은 주거용 주택이어야 합니다. 주거용 건물의 판정은 공부상으로 하는 것은 아닙니다. 실제 주거용으로 사용하고 있다면 주택으로 봅니다(대법원 87다카2024 참조). 또한 미등기 건물, 무허가 건물, 위반 건축물도 주거용으로 사용하고 있다면 법의 보호를 받을 수 있습니다(대법원 2004다26133 참조). 상업용과 주거용으로 사용되는 주된 공간이 주거용이라면 법의 보호를 받을 수 있습니다. 상가건물이라 해도 임대인의 승낙을 받고 주거용으로 개조하여 사용했다면 주택으로 인정됩니다. 다만 임대인의 동의 없이 주거용으로 개조하여 사용할 때는 법의 보호를 받을 수 없습니다(대법원 85다카1367 참조).

F씨 사례의 경우, 임차인이 대항력을 갖추었지만 매수인이 인수하는 보증금은 없습니다. 소액보증에 대해서는 확정일자가 없어도 법원으로부터 최우선변제 배당을 받을 수 있기 때문입니다. 임차인은 보증금(3,000만원)에 대하여 배당요구를 한 상황입낮. 임차인이 경매개시결정 이전에 전입신고를 마쳤다면 확정일자가 없어도 보증금이 소액보증금(서울 기준 1억 5,000만원)에 해당하는 때에는 5,000만원까지 최우선변제를 받을 수 있습니다.

구분	대항력	우선변제권	비고
주택	주택의 인도와 전입신고	확정일자	제한 없음
상가	건물의 인도와 사업자등록증 신청	확정일자	환산보증금 범위 내

환산보증금을 초과하는 상가 임대차는 법의 보호를 받을 수 없습니다(상가건물임대차보호법 시행령 제2조 참조).

환산보증금 = 보증금 + (임대료 × 100) 예) 3억 5,000만원 = 1억 5,000만원 + (200만원 × 100)

돈이 되는 가등기는 따로 있다
_선순위 가등기

맞벌이 부부인 A씨 내 집 마련을 위해 경매 공부를 하고 있습니다. 오랜 시간 탐색 끝에 2차까지 유찰된 아파트를 발견했습니다.

등기부를 분석해보니 1순위 소유권이전청구권가등기(이하 가등기로 표시), 2순위 근저당권, 3순위 가압류, 4순위 경매개시결정등기 순이 었습니다. 유찰된 이유는 선순위(1순위) 가등기 때문입니다. 경매 공부가 처음인 분들은 선순위 가등기는 매수인이 무조건 인수하는 권리로 알고 있습니다.

아닙니다. 가등기에는 두 종류가 있습니다. 1. 채권보전을 위한 담보가등기(가등기담보 등에 관한 법률 제12조 참조), 2. 매매계약 즉, 소유권보전을 위한 소유권이전청구권가등기(부동산등기법 제88조 참조)로 나뉩니다. 다만 등기부에는 서로 다른 두 종류의 가등기가 동일하게 소유권이전청구권가등기로 표시됩니다.

경매 물건에 선순위 가등기가 있으면, 유찰되기 일쑤입니다. 기준권리(근저당권)보다 앞선 선순위 가등기는 원칙적으로 매수인이 인수해야 되기 때문입니다. 그러나 선순위 가등기가 담보가등기인 경우, 그 자체가 기준권리가 되기 때문에 매수인이 인수하지 않아도 됩니다. 담보가등기는 경매로 소멸합니다. 가등기권자가 임의경매를 신청했거나, 배당요구를 한 경우에는 담보가등기로 봅니다.

또한 선순위 가등기가 소유권이전청구권가등기인 경우에도 제척기간(존속기간) 10년이 지나면, 매수인이 인수하지 않아도 됩니다. 매수인은 소유권에 기한 방해배제청구권을 갖게 되며, 제척기간이 지난 가등기권자에 대해 본등기 청구권의 소멸시효를 주장할 수 있기 때문입니다.

단, 선순위 가등기가 제척기간(10년)이 지났다고 해서 무조건 소멸되는 것은 아닙니다. 매매계약 기간이 10년 이상인 경우에는 소멸되지 않습니다. 또한 가등기권자가 경매 물건으로 나온 아파트를 점유하고 있는 경우에는 본등기 청구권의 소멸시효가 중단됩니다. 이 경우 선순위 가등기를 매수인이 인수해야 합니다.

정리하면 선순위 가등기권자가 임의경매를 신청했거나 또는 배당요구를 했다면, 그 가등기가 기준권리가 됩니다. 당연히 그 가등기는 경매로 소멸되며, 매수인이 인수하지 않습니다. 매수인이 인수하지 않는 선순위 가등기는 경매로는 소멸되지 않습니다(단, 제척기간 10년이 지난 경우는 예외). 매수인이 별도로 가등기권자를 상대로 소를 제기해 가등기를 말소시켜야 합니다.

핵심 요약

가등기는 ① 소유권이전가등기 ② 담보가등기 두 가지 종류가 있다. 그런데 등기부에는 가등기의 종류와는 상관 없이 모두 '소유권이전청구권 가등기'로 표시된다.

선순위 소유권이전가등기의 특징
– 경매를 신청할 수 없다.
– 경매로 소멸되지 않는다.
– 매수인이 인수하는 권리다.

법원은 선순위 가등기가 있는 경우, 그 가등기 내용을 법원에 신고하도록 적당한 기간을 정하여 최고한다.

소유권이전가등기는 부동산 매매계약 이후, 소유권이전등기를 하기 전에 그 소유권의 순위를 보전할 목적으로 설정하는 것을 말한다(부동산등기법 제88조 참조).

선순위 소유권이전가등기의 소멸
– 소유권을 취득한 경우
– 제척기간 10년이 지난 경우(다만, 계약기간이 10년 이상 경우는 제외)
– 본등기가 되면 가등기 이후에 설정된 권리들은 직권으로 소멸

사례: 경매 고수의 눈에만 보이는 약이 되는 가등기

수원에 살고 있는 L씨는 동네에서 경매 고수로 통한다. 현재 살고 있는 아파트도 경매로 장만했다. 이제는 웬만한 권리분석쯤은 혼자서도 척척 한다. 최근에는 주말농장 부지를 찾고 있는데, 경매로 나온 화성시 장지동에 위치한 땅(수원지원 사건번호 2018-505915)이 눈에 들어왔다. ①최초 감정가는 2억 6,016만원. 두 차례 유찰돼 1억 2,748만원이 경매가이다.

토지이용계획 확인서

소재지	경기도 화성시 장지동 671번지			
지목 ②	전 ❓		면적	853 ㎡
개별공시지가(㎡당)	306,500원 (2022/01) 연도별보기			
지역지구등 지정여부	「국토의 계획 및 이용에 관한 법률」에 따른 지역·지구등	자연녹지지역 , 중로1류(폭 20m~25m)(접합)		
	다른 법령 등에 따른 지역·지구등	가축사육제한구역(일부제한 모든축종 제한지역)<가축분뇨의 관리 및 이용에 관한 법률>, 성장관리권역<수도권정비계획법>		
「토지이용규제 기본법 시행령」 제9조 제4항 각 호에 해당되는 사항				

이 물건의 토지이용계획확인서를 확인해 보니. 땅의 지목은 전(853 ㎡)입니다. ②용도지역은 자연녹지지역이며, 다른 제한사항은 없습니다. 미래가치가 꽤 좋아 보입니다. 등기현황을 보니 1순위 가등기, 2순위 경매개시결정(강제경매) 순입니다.

토지등기

접수일자	권리종류	권리자	채권금액	비고	소멸
③ 2001-03-02	소유권이전청구권가등기	남○○			인수
2018-05-03	강제경매	(주)노○○	319,991,022원	기준권리	소멸

주의
사항
▶ 농지취득자격증명 요함 (미제출시 매수보증금 반환하지 않음)
▶ 갑구 순위 2번 소유권이전청구권 가등기(2001. 3. 2. 등기)는 말소되지 않고 매수인이 인수함 (만약 가등기된 매매예약이 완결되는 경우에는 매수인이 소유권을 상실하게 됨)
▶ 매각허가에 의하여 소멸되지 아니하는 것-갑구 순위 2번 소유권이전청구권 가등기(2001. 3. 2. 등기)

기준권리(경매개시결정)보다 앞선 ③선순위 가등기가 문제였습니다. 매수인이 인수하는 권리가 확실했기 때문입니다. 매각물건명세서에도 가등기(등기일, 2001.3.2)는 소멸되지 않고 매수인이 인수한다고 되어 있습니다. 그리고 가등기된 매매예약이 완결되는 경우에는 매수인이 소유권을 상실하게 된다는 내용이 있습니다. 이처럼 선순위 가등기는 무조건 매수인이 인수하는 권리여서 이런 물건은 유찰이 잘됩니다.

그러나 선순위 가등기도 경매로 소멸되거나, 또는 매수인이 소멸시킬 수 있습니다. 앞에서 정리한 것처럼 가등기에는 담보가등기와 소유권이전청구권가등기 두 종류가 있습니다. 등기부에는 모두 소유권이전청구권가등기로 표시되지만 담보가등기는 기준권리가 되며 선순위 가등기가 담보가등기인 경우 경매로 소멸된다. 선순위 가등기권자가 임의경매를 신청했거나, 배당요구를 한 경우에는 담보가등기로 본다(가등기담보 등에 관한 법률 제15조, 제16조 참조).

선순위 가등기가 소유권이전청구권가등기인 경우에도 제척기간(10년)이 지났다면, 매수인은 그 권리를 소멸시킬 수 있습니다. 매수인은 소유권에 기한 방해배제청구권을 갖게 됩니다. 즉, 제척기간이 지난 가등기권자에 대해 본등기 청구권의 소멸시효를 주장할 수 있습니다. 다만, 가등기권자가 경매 목적물을 점유하고 있다면 본등기 청구권의 소멸시효가 중단됩니다. 이런 경우에는 선순위 가등기는 매수인이 인수해야 합니다.

본 건의 경우, 선순위 가등기권자가 경매신청뿐만 아니라 배당요구도 하지 않았습니다. 분명 소유권이전청구권가등기로 보였습니다. 그런데 ③ 선순위가등기 등기일자(2001. 3. 2)를 보면 이미 제척기간(10년)이 지난 상태입니다. 즉 매수인이 인수하지 않아도 되는 권리로 보입니다. 낙찰 받은 후, 매수인이 별도로 가등기권자를 상대로 소송을 통해 가등기를 소멸시켜야 합니다. 참고로 선순위 가등기가 붙어 있는 물건은 제척기간 10년이 지나더라도 전문가에게 반드시 자문을 구한 뒤에 경매에 참여하는 것이 좋습니다.

이 땅의 미래가치는 매우 좋은 편입니다. 동탄 2기신도시 바로 옆
에 자리잡고 있어 후광 효과까지 있습니다. 주변지역은 한창 개발
중입니다. 인구 유입도 활발합니다. 땅은 중로1류(20m~25m)에 접해
있으며, 모양도 양호합니다. 주변시세를 감안하면 최저가격수준으
로 낙찰 받기만 해도 5,000만원 이상의 자본수익 정도는 얻을 수 있
습니다.

헷갈리는 선순위 지상권

지상권은 타인의 토지에 건물이나 공작물, 수목을 소유하기 위해 그 토지를 사용할 권리를 말합니다. 지상권에 대한 분쟁은 워낙 다양한데 대표적인 사례를 우선 살펴봅시다.

대기업에 다니는 W씨는 은퇴 후 전원주택을 짓기 위해 경매로 땅을 사두려고 합니다. 주말이면 지방을 돌아 다니며 경매로 나온 땅을 살펴보고 있습니다. 6개월 정도 경매에 도전한 끝에 남양주 지역에 1,560㎡ 규모의 땅을 발견했습니다.

등기부를 확인해 보니 1순위 지상권, 2순위 근저당권, 3순위 근저당권, 4순위 가압류, 5순위 압류, 6순위 경매개시결정 순입니다.

1순위인 지상권자와 2순위 근저당권자는 같은 사람입니다. 이 물건의 기준권리는 2순위 근저당권입니다. 그런데 기준권리가 되는 근저당권 앞에 지상권이 있습니다. 선순위 지상권은 무조건 매수인이 인수하는 권리입니다. 이 때문에 3차까지 유찰된 것이죠. 선순위 지상권이 있는 물건은 어떻게 접근해야 할까요?

지상권이라고 해서 모두 매수인이 인수하는 것은 아닙니다. 원칙적으로 기준권리보다 뒤에(후순위) 나오는 지상권은 경매로 소멸됩니다. 반면 기준권리보다 앞에(선순위) 나오는 지상권은 매수인이 인수해야 합니다.

그러나 여기에도 예외는 있습니다. 예외의 경우를 찾아내면 싼 가격에 좋은 물건을 낙찰받을 수 있습니다. 근저당권자가 땅의 가치를 지키기 위해 담보 목적으로 설정한 선순위 지상권은 매수인이 인수하지 않아도 됩니다. 이때 선순위 지상권자와 근저당권자가 동일인이어야 합니다.

대법원 판례를 참고해 보면, 토지를 매수해 그 명의로 소유권이전 청구보전을 위한 가등기를 마치고, 그 토지에 타인이 건물 등을 축조하는 것을 막기 위해 지상권을 설정한 경우, 그 가등기와 함께 경료된 지상권은 그 목적을 잃어 소멸되는 것으로 봅니다(대법원 90다카27570 참조).

따라서 근저당권과 함께 설정된 선순위 지상권이 토지의 담보가치를 지키기 위해 설정된 경우라면 근저당권 소멸과 동시에 선순위 지상권도 소멸됩니다.

W씨 사례의 경우 소멸되는 선순위 지상권이었습니다. 3차까지

유찰 된 땅이므로 낙찰받는다면 꽤 큰 이득을 볼 수 있습니다.

핵심 요약

지상권은 타인의 토지에 건물이나 공작물이나 수목을 소유하기 위하여 그 토지를 사용할 수 있는 권리를 말한다(민법 제 279조 참조).

근저당권과 함께 설정된 선순위 지상권이 토지의 담보가치를 지키기 위해 설정되었다면 근저당권 소멸과 동시에 선순위 지상권도 목적을 잃어 소멸하는 것으로 본다(대법원 90다카27570 참조).

지상권자가 2년 이상 지료를 내지 않으면 지상권의 소멸을 청구할 수 있다(민법 제287조 참조).

지상권이 소멸하더라도 건물, 공작물, 수목이 현존한다면 지상권자는 계약갱신을 청구할 수 있다. 단, 이를 거절당하면 공작물이나 수목의 매수를 청구할 수 있다(민법 제283조 참조).

지상권의 존속기간
 - 석조, 석회조, 연와조 또는 이와 유사한 견고한 건물이나 수목은 30년
 - 앞의 조건 이외의 건물을 소유 목적으로 하는 때에는 15년
 - 공작물은 5년

사례: 감정가보다 30% 내린 제주도 땅, 00있는데 사도 될까

제주도에 사는 K씨는 2차(최저감정가 1억1594만원) 매각기일을 앞두고 있는 땅(제주지원 사건번호 2018-2686(2))에 관심이 갔다. 낙찰받는다면 10년 정도 묻어둘 생각이다. 땅은 제주시 애월읍 신엄리에 소재해 있고 ① 1차감정가(1억6,564만원) 대비 30%인 4,969만원 떨어진 상태이며 지목은 전(505㎡)이다. 현장을 가보니 더 마음에 든다.

곧바로 권리분석에 들어갔다. 1순위 지상권, 2순위 근저당권, 3순위 압류, 4순위 경매개시결정(임의경매) 순. 기준권리(근저당권) 앞에 선순위 지상권이 있다. 일반적으로 등기부에 공시된 권리들 중에서 선순위 지상권은 매수인이 인수하는 권리라고 한다. 매각물건명세서에도 선순위 지상권설정일자(2015.7.15)가 표시되어 있다. 이 땅은 경매에 참여해도 좋은 물건일까?

등기현황을 보면 해당 경매물건의 경우, ① 선순위 지상권자와 ② 2순위 근저당권자가 서제주새마을금고로 동일합니다. 선순위 지상권은 근저당권자가 땅의 담보 가치를 지키기 위해 설정한 것으로 볼 수 있습니다. 따라서 이 물건의 경우 선순위 지상권을 인수하지 않아도 됩니다. 다만, 땅을 낙찰 받은 매수인은 지상권자에게 방해배제청구소송을 통해 선순위 지상권 말소를 청구해야 합니다.

해당 경매물건의 땅은 미래가치가 상당히 좋은 편입니다. 토지

☀ **2018** 타경 **2686**(2)

| 관련
물건번호 | ‹ | 1
취하 | **2**
취하 | 3
취하 | › | ☆ 관심 | ▣ 입찰표 | 🖨 |

제주특별자치도 제주시 애월읍 신엄리○○○○

| 도로명주소 | 다음지도 | 네이버지도 | 도시계획지도 |

감정가 (18.05.08)   **165,640,000**원
최저입찰가 (70%)   **115,948,000**원
입찰보증금 (10%)   **11,594,800**원

| 토지이용계획 | 사진보기 | 토지등기 | 감정평가서 | 현황조사서 | 매각물건명세서 | 경매진행내역 | 예상배당 |

담당계:제주지방법원 본원 1계(064-729-2151)

매각기일	경매개시결정일	배당요구종기일
2018-11-19 (10:00)	2018-04-18	2018-07-17
물건종류	건물면적	토지면적
전		505㎡ (153평)
채무자 / 소유자	특수권리 / 물건	
농○○ / 농○○	선순위 지상권	

등기현황

접수일자	권리종류	채권금액
2015-07-15	① 지상권(토지의전부) (서제주 새마을금고)	
2015-09-02	② 근저당권 (서제주 새마을금고) 144,000,000원	
2017-03-07	압류	
2018-04-18	임의경매	122,341,210원
기타사항	☞매각물건명세서상 최선순위설정일자:2015. 7. 15.자 지상권	

이용계획확인서를 통해 용도지역을 확인해 보니, 제1종일반주거지역으로 매우 우수한 편입니다. 다른 특별한 제한사항도 없습니다.

바닷가 근처라 주변 곳곳에 팬션들이 들어차 있었습니다. 땅에서 바닷가 까지는 도보로 10분 거리. 주변지역에 있는 동일한 용도지역과 지목의 땅은 50만원~60만원(국토교통부실거래가 참조) 사이에 거래되고 있습니다. 다만 땅이 맹지라는 단점은 있지만 장기적으로 볼 때 미래가치는 양호한 편입니다.

④
요역지와 승역지를 구분하라
_선순위 지역권

지역권은 자신의 토지를 사용하기 위해 타인의 토지를 이용하는 것을 말합니다. 자신의 토지는 요역지, 타인의 토지는 승역지라 합니다(민법 제291조 참조). 지역권에 대하여 사례를 통해 알아 봅시다.

치과 원장인 A씨는 전원주택용 토지를 경매로 구입할 계획입니다. 마침 적당한 토지를 발견해 현장탐방에 나섰습니다. 동네는 아름다운 풍광을 지녔고, 해당 부지는 산을 등지고 물을 바라볼 수 있는 배산임수의 입지를 가지고 있었습니다. 마음에 쏙 들었습니다. 권리분석을 하기 위해 등기부를 확인해 보니, 1순위 지역권(요역지) 2순위 근저당권, 3순위 가압류, 4순위 경매개시결정 순입니다.

기준권리는 2순위 근저당권입니다. 선순위 지역권은 매수인이 인수해야 하는 권리입니다. 지역권이 성립하기 위해서는 요역지와 승역지 소유자 사이에 지역권설정계약을 하고 등기를 마쳐야 합니다. 또한 지역권은 계속되고 표현된 것에 한하여 취득할 수 있으며 20년간 지역권을 행사하지 않으면 자동 소멸됩니다.

지역권은 요역지 소유권에 부종하여 이전하며, 요역지에 대한 소유권 이외의 권리의 목적입니다. 또한 지역권은 요역지와 분리하여 양도하거나 다른 권리의 목적으로 하지 못합니다.

W씨의 사례의 경우 2순위 근저당권은 기준권리로 소멸되며, 그 이후에 나오는 권리들은 소멸됩니다. 그러나 선순위 지역권은 매수인이 인수해야 합니다.

반면 후순위 지역권은 경매로 소멸됩니다. 이때 지역권은 요역지가 매각되는 경우, 종된 권리인 승역지도 매수인이 취득하게 됩니다. 다시 말해 선순위 지역권이 요역지인 경우에는 매수해도 좋지만 승역지인 경우에는 매수하지 말아야 합니다. 지역권은 실제로 잘 활용되는 권리는 아닙니다. 이 때문에 경매에 지역권이 붙어 있는 물건을 보기는 어렵습니다.

참고로 토지 소유자의 허락도 없이 동네 사람들이 무단으로 토지를 통행하고 있는 경우는 지역권 성립이 어렵습니다. 왜냐하면 지역권을 취득하기 위해서는 계속되고 표현된 것에 한정되기 때문입니다. 지역권은 '계속되고 표현된 것'에 한하여 민법 제245조*의 규정

---

*　① 20연간 소유의 의사로 평온, 공연하게 부동산을 점유하는 자는 등기함으로써 그 소유권을 취득한다. ② 부동산의 소유자로 등기한 자가 10년간 소유의 의사로 평온, 공연하게 선의이며 과실 없이 그 부동산을 점유한 때에는 소유권을 취득한다.

을 준용하도록 되어 있습니다.

오랫동안 동네 사람들이 토지를 통행했다고 해서 통행지역권이 인정되는 것은 아닙니다. 통행지역권이 인정되기 위해서는 요역지의 소유자가 승역지 위에 도로를 설치하여 승역지를 사용하는 객관적 상태가 계속된 경우에 한하여 그 시효취득을 인정할 수 있어야 합니다.

핵심 요약

지역권은 자신의 토지를 사용하기 위해 타인의 토지를 이용하는 것을 말한다. 자신의 토지는 요역지, 타인의 토지는 승역지가 된다(민법 제291조 참조).

선순위 지역권의 특징
- 요역지의 소유권에 부종하여 이전한다.
- 요역지와 분리하여 양도할 수 없다.
- 다른 권리의 목적으로 쓰이지 못한다.
- 요역지를 매수하면, 승역지도 취득한다(대법원 94다12722 참조).

선순위 지역권은 경매로 소멸되지 않고 매수인이 인수해야 한다. 반면 후순위 지역권은 경매로 소멸된다.

⑤
선순위 가처분도
소멸할 수 있다

가처분은 헷갈리는 권리입니다. 가처분은 채권자가 부동산의 현상이 바뀌어(처분, 양도, 은닉) 장래의 권리를 실행하지 못하거나, 그 실행이 염려스러울 경우 실행합니다(민사집행법 제300조 참조). 즉, 소유권 등 다툼이 있는 권리관계에 대하여 장래의 집행보전(물건확보)을 위해 현재의 상태를 고정·유지할 필요가 있을 경우에 실행하는 권리입니다.

가처분이 기준권리보다 앞에 나오면(선순위 가처분) 원칙적으로 매수인이 인수해야 합니다. 가처분권자가 소송에서 이기는(승소) 경우, 매수인은 대항할 수 없습니다. 물론 가처분권자가 소송에서 지는(패소) 경우에는 매수인은 대항할 수 있습니다.

따라서 경매절차에 있어 가처분은 기준권리보다 앞에 나온다고 해서 매수인이 반드시 인수해야 하는 것은 아닙니다. 반대로 가처분이 기준권리보다 뒤에 나와도 매수인이 인수하는 경우가 있습니다. 그만큼 주의가 필요하다는 것이죠.

선순위 가처분이 경매로 소멸되는 경우를 보면 다음과 같습니다.

선순위 가처분권자가
첫째, 소유권을 취득한 경우,
둘째, 강제경매를 신청한 경우,
셋째, 근저당권설정등기청구권 보전을 위한 경우
넷째, 소멸시효 기간이 3년이 지난 경우에는 채무자 또는 매수인 (이해관계인)은 그 취소를 신청할 수 있습니다. 따라서 선순위 가처분이 있다고 해서 무조건 매수인이 인수하는 권리는 아닙니다.

기준권리보다 뒤에 나오는 후순위 가처분은 경매로 소멸되는 것이 원칙입니다. 하지만 가처분권자가 ① 건물철거 및 토지인도청구를 위한 경우, ② 소유권이전등기에 관해 다툼이 있는 경우에는 후순위 가처분이라도 경매로 소멸되지 않으며, 매수인이 인수해야 합니다.

핵심 요약

가처분은 장래의 권리행사가 염려스러울 경우, 부동산의 현상이 바뀌지 못하도록 그 보전에 관한 조치를 하는 것을 말한다(민사집행법 제300 조 참조).

선순위 가처분이 경매로 소멸되는 경우는
선순위 가처분자가,
– 소유권을 취득한 경우,
– 강제경매를 신청한 경우,
– 근저당권설정등기청구권 보전을 위한 경우
– 소멸시효 기간이 3년이 지난 경우

후순위 가처분이 소멸되지 않는 경우
– 건물철거 및 토지인도청구를 위한 경우
– 소유권이전등기에 관해 다툼이 있는 경우

6

이것만은 조심하자 4
선순위 전세권

전세권이란 임차인이 보증금을 지급하고 다른 사람 부동산을 사용할 수 있는 권리이자 후순위 권리자 및 기타 채권자보다 전세 보증금을 우선변제받을 수 있는 권리입니다. 따라서 전세권을 기준 권리로 보는 경향도 있습니다.

그러나 엄밀히 말해 전세권이 기준 권리는 아닙니다. 전세권이 기준권리로 간주되려면 세 가지 조건이 필요합니다.

첫 번째는 선순위 전세권이어야 한다.

두 번째는 경매를 신청했거나 배당 요구를 해야 한다.

세 번째는 건물 전체에 대해서 전세권이 설정되어 있어야 한다.

전세권자가 경매를 신청하면 배당요구를 한 것으로 간주하고 배당요구를 하면 매각으로 보증금을 다 받든 못 받든 매각으로 소멸됩니다(민사집행법 제91조).

쉽게 풀어보겠습니다. 전세권이 건물 일부인 2층에만 설정되고 임차인의 점유 1층 부분과 다르다면 전세권의 효력은 건물 2층에만 미칩니다. 그래서 1층에 2순위로 대항력을 갖고 있는 임차인은 '매수인에게 대항할 수 있다'라는 것이 대법원 판례입니다.

권리관계가 1순위 전세권, 2순위 대항력 있는 임차인, 3순위는 근저당권, 4순위 경매 개시 결정 순이라고 하면 기준 권리는 3순위 근저당권이 됩니다. 여기서 전세권이 기준권리가 되려면 전세권이 건물 전체에 대해서 설정을 하고 경매를 신청했거나 배당요구가 돼 있어야 합니다.

그런데 선순위 전세권이 2층 일부에만 설정돼 있고 전입 신고된 임차인은 1층에 거주하고 점유하고 있다면 전세권이 기준권리가 아니기 때문에 전세권의 효력은 2층에만 미치므로 기준권리는 3순위로 설정된 근저당권이 되겠죠.

정리하면, 전세권을 기준권리로 보려면 앞에서 얘기한 그 세 가지 조건에 부합해야 되며 세 가지 조건 중에 하나라도 맞지 않으면 기준권리가 될 수 없으며 무조건 매수인이 인수해야 합니다. 그래서 선순위 전세권은 세심하게 살펴야 합니다.

사례를 통해 알아봅시다.

2018 타경 500609

☆ 관심　📄 입찰표　🖨

인천광역시 서구 가좌○○○○, 진주아파○○	감정가 (18.01.18)	150,000,000원
	최저입찰가 (17%)	25,211,000원
	입찰보증금 (10%)	2,521,100원

도로명주소	다음지도	네이버지도	도시계획지도

토지이용계획	사진보기	건물등기	감정평가서	현황조사서	매각물건명세서	부동산표시목록	경매진행내역	예상배당

담당계:인천지방법원 본원 4계(032-860-1604)

매각기일	경매개시결정일	배당요구종기일	
2019-04-23 (10:00)	2018-01-11	2018-03-26	
물건종류	전용면적	대지권	
아파트	47.44㎡ (14평)	31.19㎡ (9평)	
채무자 / 소유자	특수권리 / 물건		
김○○ / 김○○	선순위 전세권		

▌입찰진행내용

구 분	입찰기일	최저매각가격	결 과
1차	2018-09-14	150,000,000원	유찰
2차	2018-10-31	105,000,000원	유찰
3차	2018-11-29	73,500,000원	유찰
4차	2019-01-07	51,450,000원	유찰
5차	2019-03-20	36,015,000원	유찰
6차	2019-04-23	25,211,000원	

　　인천에 살고 있는 M씨는 내 집 마련을 목표로 부동산 경매 물건을 살펴보던 중 2018년 1월 7일, 4차 매각기일을 앞두고 있는 아파트(인천지방법원 사건번호 2018-500609)를 발견합니다. 인천시 서구 가좌동에 소재한 진주아파트(전용면적 47.44㎡, 대지권 31.19㎡)입니다.

　　M씨가 찾고 있던 소형아파트였습니다. 동네뿐만 아니라 아파트 단지까지 마음에 쏙 듭니다.

등기현황

접수일자	권리종류	채권금액
① 2017-04-11	전세권(전부)	100,000,000원
2018-01-11	강제경매	37,895,079원

주의 사항	▶ 매각허가에 의하여 소멸되지 아니하는 것-을구 순위 11번 전세권설정등기 (2017.04.11. 등기)는 말소되지 않고 매수인에게 인수됨

등기부를 확인해봤더니, ① 1순위 전세권과 기준권리가 되는 2순위 경매개시(강제경매)결정 등기 순입니다.

등기부에 공시되는 권리는 딱 두 개뿐입니다. 그런데 기준권리 보다 앞선 선순위 전세권이 걱정입니다. 이 물건의 경우 선순위 전세권은 경매로 소멸될까요? 아니면 매수인이 인수해야 하는 권리일까요?

전세권은 임대인과 임차인 사이에 임대차 계약에 의한 전세권설정계약을 하고, 등기를 마치면 효력이 발생합니다. 전세권의 효력은 그 건물의 소유를 목적으로 한 지상권 또는 임차권에도 미칩니다.

전세권자는 임대차 계약이 종료된 이후 전세금을 반환 받지 못하면 즉시 경매를 신청할 수 있습니다. 다만 경매를 신청하기 위해서는 건물 전체에 대하여 전세권이 설정되어 있어야 합니다. 만약 건물의 전부가 아닌, 일부에 대해서만 전세권이 설정된 경우에는 경매를 신청할 수 없습니다.

선순위 전세권으로 경매가 진행될 경우, 후순위 권리보다 우선하여 배당을 받습니다. 참고로 선순위 전세권자가 경매를 신청하지 않았어도 배당요구종기까지 배당요구를 하면 전세권은 경매로 소멸됩니다.

위의 물건의 경우 6차까지 유찰된 끝에 최초감정가(1억 5,000만원) 대비 21%인 3,200만원에 낙찰됐습니다. 이렇게 아파트가 계속해서 유찰된 이유는 등기부에 공시된 선순위 전세권 1억원 때문입니다.

등기현황을 보면 전세권설정등기(2017.04.11. 등기)는 말소되지 않고 매수인에게 인수된다는 내용이 있습니다. 여기서 선순위 전세권의 내용을 보면, 전세권자는 경매신청뿐만 아니라 배당요구도 하지 않았습니다. 이럴 경우 전세권은 경매로 소멸되지 않으며, 매수인이 선순위 전세권(전세보증금 1억원)을 인수해야 합니다. 매수자가 낙찰금 3,200만원 외에 1억원을 더 내야 한다는 뜻입니다.

핵심 요약

전세권이란 임차인이 보증금을 지급하고 타인의 부동산을 사용·수익할 수 있으며, 후순위 권리자 및 기타 채권자보다 전세보증금의 우선변제를 받을 수 있는 권리다(민법 제303조 참조).

전세권이 기준권리가 되는 경우
- 선순위 전세권이어야 한다
- 경매신청을 하였거나, 배당요구를 해야 한다
- 건물전체에 대하여 전세권이 설정되어 있어야 한다
전세권이 건물전체가 아니라 건물의 일부인 2층에만 설정되어 있고, 임차인의 점유(건물 1층) 부분과 다르면 전세권의 효력은 건물의 2층에만 미치므로 임차인은 매수인에게 대항할 수 있다.

선순위 전세권자로서 배당요구를 하여 매각으로 소멸되었다 하더라도 배당받지 못한 나머지 보증금에 대해서는 대항력을 행사할 수 있다(대법원 2010다900 참조).

사례: 전입신고 해도 보증금 다 못 받을 수 있다

소아과 원장인 H씨. 그녀는 친정 부모님과 함께 살기 위해 큰 집을 찾고 있다. 마침 2차(19억 6,000만원) 매각기일을 앞둔 주상복합아파트(성남지원 사건번호 2018-2587)를 발견했다. 성남시 분당구 정자동에 소재한 미켈란쉐르빌. 최초감정가 28억원 대비 30%인 8억 4,000만원이 떨어진 상태다.

등기부를 확인해보니, 1순위 전세권, 2순위 근저당권, 3순위 근저당권, 4순위 근저당권, 5순위 가압류, 6순위 압류, 7순위 경매개시결정(임의경매) 순. 매각물건명세서에 전세권자인 유○○씨가 배당요구를 했다는 내용이 있다. 선순위 전세권자가 배당요구를 한 경우, 매수인이 보증금을 인수해야 할까?

선순위 전세권자가 배당요구를 한 경우, 배당절차에서 보증금을 전부 배당 받는다는 보장은 없습니다. 만약 전세권자가 보증금 전부를 배당 받지 못할 경우, 나머지 잔여 보증금은 매수인이 인수해

2018 타경 2587

경기도 성남시 분당구 정○○○○, 미켈란쉐○○	감정가 (18.03.24) **2,800,000,000원**
	최저입찰가 (24%) **672,280,000원**
	입찰보증금 (20%) **134,456,000원**

도로명주소	다음지도	네이버지도	도시계획지도

토지이용계획	사진보기	건물등기	감정평가서	현황조사서	매각물건명세서	부동산표시목록	경매진행내역	예상배당

담당계:수원지방법원 성남지원 1계(031-737-1321)

매각기일	경매개시결정일	배당요구종기일
2020-01-13 (10:00)	2018-03-13	2018-05-21
물건종류	**전용면적**	**대지권**
아파트	244.7㎡ (74평)	44.16㎡ (13평)
채무자 / 소유자	**특수권리 / 물건**	
이○○ / 이○○	재매각 / 선순위 전세권 / 유치권	

매각결정기일 : 2020.01.20

▌입찰진행내용

구 분	입찰기일	최저매각가격	결 과
1차	2018-10-15	2,800,000,000원	유찰
2차	2018-11-19	1,960,000,000원	낙찰

야 합니다.

매각물건명세서에 기재된 것처럼 ① 선순위 전세권자가 배당요구를 하고, 대항력까지 갖춘 경우에는 권리분석에 신경을 써야 합니다(154쪽 표 참조). 물론 선순위 전세권으로 배당요구를 하면 보증금을 전액 배당 받지 못해도 그 전세권은 매각으로 소멸됩니다. 하지만 대항력은 소멸되지 않습니다. 즉, 전세권자의 지위는 소멸되지만, 대항력 갖춘 임차인의 지위는 그대로 살아있는 셈입니다. 이런 경우에는 배당 받지 못한 나머지 보증금은 매수인이 인수해야 합니다.

매각물건명세서 현황

· 기준권리일: 2016.10.31
· 배당종기일: 2018.05.21

임차인	전입/확정/배당	보증금/차임	대항력
유○○	전입일자: 2016.12.07 확정일자: 미상 배당요구: 2018.04.23	보증: 1,500,000,000원	
기타사항 ①	☞2018.04.23 전세권자 유○○ 채권계산서 제출 ☞거주자를 만나지 못하여 현관문에 권리신고 및 배당요구 신청 안내문을 붙여놓음. 동사무소에서 발급받은 전입세대열람내역과 주민등록표 등본을 확인한 바, 위○○가 세대주로 등재되어 있어 위○○를 임차인으로 등록함. ☞위○○:유○○의 배우자임 ☞유○○ : 임차인 유○○은 확정일자 없는 임차인임에 유의 ☞유○○은 전세권자의 지위와 임차인의 지위를 동시에 가지고 있고 임차인으로서 권리신고 및 배당요구를 하였으나 확정일자 없는 임차인으로 우선변제권이 없고, 전세금은 매수인에게 인수됨에 유의		

　본 사례의 경우 매각물건명세서를 보면 유○○씨는 선순위 전세권자의 지위와 대항력을 갖춘 임차인의 지위를 모두 가지고 있습니다. 유 씨는 임차인의 지위를 가지고 배당요구를 했습니다. 그러나 임차인은 확정일자가 없기 때문에 우선변제권이 없는 상태입니다. 즉, 이 물건의 경우 유 씨는 전세권과 대항력을 모두 갖춘 임차인의 지위가 그대로 살아있기 때문에 보증금을 전액 매수인이 인수해야 합니다.

　이 물건의 경우 무려 9번의 유찰 끝에 10차 경매에서 1차 감정가의 26% 정도인 7억 4,300만원에 낙찰됐습니다.

⑦
이것만은 조심하자 5
선순위 임차권

임차권이란 임대차계약에 의해 땅을 사용·수익할 수 있는 임차
인의 권리를 말합니다. 임차권은 주택뿐만 아니라 땅에도 생길 수
있습니다.

임대차(임차권) 등기는 임대인의 동의가 반드시 필요한데 현실적
으로 동의를 받기가 쉽지 않습니다. 그렇기 때문에 임차권 등기가
잘 이루어지지 않습니다. 만약 임대인이 동의를 받아 임대차(임차권)
를 등기하면 제3자에게 대항력이 발생합니다. 임차권 등기는 등기
부(을구)에 임차권설정으로 표시되며 선순위 임차권은 매수자가 인
수해야 합니다.

여기서 꼭 알아둬야 할 것이 있습니다. 주택에 대한 임차권이 있
더라도 계약기간이 종료된 후 임대인에게 보증금을 돌려받지 않고

3강. 선순위 권리들 : 권리분석으로 숨은 미래가치를 찾는 법 ▽ **155**

전출을 하게 되면 대항력과 우선변제권은 상실됩니다. 따라서 관할 법원을 통해 임차권 등기를 마치고 이사를 해야 대항력과 우선변제권을 인정받게 됩니다. 선순위 임차권이 있는 경매 물건에 투자하려는 분들이라면 이 부분을 꼼꼼히 살펴야 합니다.

사례를 통해 알아봅시다.

곧 은퇴를 앞둔 회사원 A 씨는 은퇴하면 고향인 경남 거제로 귀농할 꿈을 갖고 있습니다. 그래서 경매를 통해 농사지을 땅을 알아보던 중 거제 앞바다가 훤히 내려다보이는 땅을 발견했습니다(통영지원 2017-10062-1). 권리분석을 해봅시다.

땅의 용도지역을 보려면 토지이용계획을 확인하면 됩니다. 이 땅은 ① 생산관리지역입니다. 지목은 전(田)입니다. 농사짓기에는 안

토지이용계획서

소재지	경상남도 거제시 사등면 오량리 473번지			
지목	전 ❓		면적	1,491 ㎡
개별공시지가(㎡당)	47,200원 (2022/01) 연도별보기			
① 지역지구등 지정여부	「국토의 계획 및 이용에 관한 법률」에 따른 지역·지구등	생산관리지역		
	다른 법령 등에 따른 지역·지구등	가축사육제한구역(개 제한)<가축분뇨의 관리 및 이용에 관한 법률>, 가축사육제한구역(닭 오리 메추리 돼지 개 제한)<가축분뇨의 관리 및 이용에 관한 법률>		
「토지이용규제 기본법 시행령」 제9조 제4항 각 호에 해당되는 사항				

토지등기

	접수일자	권리종류	권리자	채권금액	비고	소멸
②	2004-12-06	임차권	한○○			인수
	2009-08-24	근저당권	사○○	65,000,000원	**기준권리**	소멸
	2017-03-24	근저당권	사○○	48,000,000원		소멸
	2017-11-01	가압류	농○○	13,890,968원		소멸
	2017-11-20	임의경매	사○○	138,041,067원		소멸

주의 ☞ 농지취득자격증명 필요(미제출시 보증금 몰수)
사항 ▶ 매각허가에 의하여 소멸되지 아니하는 것 · 을구 순위번호1 임차권설정등기(2004. 12. 6.)는 말소되지 않고 매수인에게 인수임.

성맞춤으로 보입니다. 그런데 3차까지 유찰된 상태였습니다. 1차감정가 대비 무려 49%가 떨어져 4차 매각기일을 앞두고 있었습니다.

기준권리를 찾아봅시다. 1순위 임차권, 2순위 근저당권, 3순위 근저당권, 4순위 가압류, 5순위 경매개시결정. 기준권리(근저당권) 앞에 ② 선순위 임차권이 있습니다. 선순위 임차권은 매수자가 인수하는 권리입니다. 이 때문에 계속 유찰됐다고 봐야 합니다.

그러나 A씨는 임차권에 대해서 이해가 되지 않았습니다. 왜냐하면 임차권은 주택에만 생기는 것으로 알고 있었기 때문입니다. 거기다가 임차인이 한국전력공사라니 더더욱 이해가 안갑니다. 이럴때

매각물건명세서

창원지방법원 통영지원

2017타경10062

매각물건명세서

사 건	2017타경10062 부동산임의경매		매각물건번호	1	작성일자	2018.03.20	담임법관(사법보좌관)	정현주	
부동산 및 감정평가액 최저매각가격의 표시	별지기재와 같음		최선순위설정			2009.08.24.근저당권	배당요구종기	2018.01.22	

부동산의 점유자와 점유의 권원, 점유할 수 있는 기간, 차임 또는 보증금에 관한 관계인의 진술 및 임차인이 있는 경우 배당요구 여부와 그 일자, 전입신고일자 또는 사업자등록신청일자와 확정일자의 유무와 그 일자

점유자성 명	점유부분	정보출처구 분	점유의권 원	임대차기간(점유기간)	보증금	차임	전입신고일자,사업자등록신청일자	확정일자	배당요구여부(배당요구일자)
한국전력공사	토지의송전선하부지443㎡	등기사항전부증명서	선하지임차권자	전기 공작물의존속기간까지		4,199,900			

〈비고〉

※ 최선순위 설정일자보다 대항요건을 먼저 갖춘 주택·상가건물 임차인의 임차보증금은 매수인에게 인수되는 경우가 발생 할 수 있고, 대항력과 우선변제권이 있는 주택·상가건물 임차인이 배당요구를 하였으나 보증금 전액에 관하여 배당을 받지 아니한 경우에는 배당받지 못한 잔액이 매수인에게 인수되게 됨을 주의하시기 바랍니다.

등기된 부동산에 관한 권리 또는 가처분으로 매각으로 그 효력이 소멸되지 아니하는 것

을구 순위번호1 임차권설정등기(2004. 12. 6.)는 말소되지 않고 매수인에게 인수됨.

매각에 따라 설정된 것으로 보는 지상권의 개요

비고란
③ 1. 토지 지상으로 송전선로(선하지)가 가설된 상태이며, 등기사항전부증명서상 임차권설정(443㎡)이 되어있음
2. 농지취득자격증명 필요(미제출시 보증금 몰수)
3. 제시외 수목 포함

주1 : 매각목적물에서 제외되는 미등기건물 등이 있을 경우에는 그 취지를 명확히 기재한다.
 2 : 매각으로 소멸되는 가등기담보권, 가압류, 전세권의 등기일자가 최선순위 저당권등기일자보다 빠른 경우에는 그 등기일자를 기재한다.

는 매각물건명세서를 살펴봐야 합니다.

매각물건명세서를 보면, 선순위 임차권에 대해 세부 설명이 나와 있습니다. ③ 등기부 을구 순위번호1 임차권설정 등기(2004.12.6.)는 소멸되지 않고 매수인에게 인수됩니다. 또한 토지의 지상으로 송전선로(선하지)가 가설된 상태이며, 등기사항전부증명서상 임차권설정(443㎡)이 되어있습니다.

문제는 임차권의 존속기간이 송전선이 존속하는 동안이라는 점

입니다. 어느날 갑자기 송전선을 철거하지 않는다면 어쩌면 존속기간이 100년이 넘을 수도 있습니다. 지료도 임차권설정 당시 일시불로 전소유자에게 지급되었기 때문에 또 다시 청구할 수 없습니다.

물론 선순위 임차권이 농사를 짓는데 방해가 되는 것은 아닙니다. 땅 위로 송전선로가 지나갈 뿐이죠. 따라서 귀농할 실수요자라면, 경매로 땅을 시세보다 싸게 매수하는 것도 고려해 볼만 합니다. 다만 송전로를 지나는 땅을 어떻게 평가할지는 각자의 입장에 맞춰 따져보아야 하겠죠.

사례: 임차권등기는 설정 순위가 아니다

S전자에 다니는 P씨는 경매로 내 집 마련을 계획 중이다. 마침 신분당선 성복역 바로 옆에 소재한 성복역롯데캐슬골드타운 아파트(사건번호 2021-65455)를 발견했다. 회사에서 가까운 곳에 있어 마음에 들었다. 경매에 참여할 생각으로 권리분석에 들어갔다.

등기부를 확인해 보니 1순위 근저당권, 2순위 근저당권, 3순위 근저당권 4순위 경매개시결정(임의경매), 5순위 임차권 순이었다. 모든 권리는 경매로 소멸하는 것으로 판단된다. 그런데 대항력을 갖춘 임차인이 임차권등기는 했지만, 배당요구를 하지 않은 상태였다.

등기된 임차권에는 전입신고(20.02.07)와 확정일자(20.01.14)가 기준권리인 1순위 근저당권 설정일자(21.07.07)보다 빨랐다. 이런 경우 임차권등기가 기준권리보다 후순위로 경매로 소멸하는 권리인지, 아니면 매수인이 인수하는 권리가 되는지 궁금하다.

임차인은 임대인과의 임대차계약에 의하여 부동산을 사용·수익할 수 있는 권리인 임차권을 가지게 됩니다. 임차인에게 가장 중요한 것은 제3자에게 대항할 수 있도록 대항력을 유지하는 것입니다. 그런데 임차인이 보증금 전부 또는 일부 금액을 돌려받지 못한 상태에서 다른 곳으로 이사하고 새로 이사 간 집에 전입신고를 마치면, 기존에 취득했던 대항력과 우선변제권은 상실됩니다. 임차인이라면 이 점을 기억해야 합니다.

임차인은 임대차계약이 끝났음에도 불구하고, 보증금을 반환받지 못할 수 있습니다. 이런 경우에는 임차 주택의 소재지 관할 법원에 임차권등기명령을 신청할 수 있습니다. 그러면 임차인은 임차권등기명령의 집행에 따른 임차권등기를 마치게 되면 기존의 대항력과 우선변제권을 그대로 유지할 수 있습니다(주택임대차보호법 제3조 참조).

임차권은 그 등기가 완료된 시점부터 효력이 발생합니다. 그러므로 임차인이 주소지 전출을 한 후에 임차권등기를 하거나, 임차권등기가 완료되기 전에 주소지 전출을 하면 우선변제권과 대항력을 상실하게 되므로 주의하여야 합니다.

임차권은 임차권이 설정된 주택이 경매가 진행되면 그 임차 주택의 매각으로 소멸한다. 그러나 대항력을 갖춘 임차권등기가 배당절차를 통해 보증금 전액을 배당받지 못하면 임차권등기는 소멸하지 않습니다(주택임대차보호법 제3조 제5항). 잔여 보증금은 매수인이 인수해야 합니다.

임차권등기는 임차인이 기왕의 대항력이나 우선변제권을 유지하도록 해 주는 담보적 기능을 주목적으로 하고 있습니다. 그러므로 위 임차권등기가 첫 경매개시결정등기 전에 등기되면 임차권등기를 한 임차인은 우선변제권을 가지며, 채권자의 범위에 관하여 규정하고 있는 '저당권, 전세권, 그 밖의 우선변제 청구권으로서 첫 경매개시결정등기 전에 등기되었고 매각으로 소멸하는 것을 가진 채권자'에 준하여 그 임차인은 별도로 배당요구를 하지 않아도 당연히 배당받을 채권자에 속하는 것으로 봅니다.

P씨 사례의 경우, 임차권등기는 경매개시결정 이후에 등기되었습니다. 때문에 배당요구를 한 채권자로 볼 수 없습니다. 따라서 임차권등기는 경매로 소멸하지 않습니다. 임차인의 보증금 6억원은 매수인이 전액 인수하는 권리가 됩니다.

핵심 요약

임차인은 임대차가 끝난 후 보증금을 반환받지 못하면 법원에 임차권등기명령을 신청할 수 있다.

임차권등기의 효력이 인정되면
- 기존의 대항력과 우선변제권 인정 받는다.
- 배당요구 하지 않아도 배당받을 수 있다.
- 보증금 전액을 배당받지 못하면 소멸되지 않는다. 즉 매수인이 인수해야 한다.

다만, 임차권등기 이후에 임차한 임차인은 우선변제를 받을 권리가 없다(주택임대차보호법 제3조의5 참조).

⑧ 이것만은 조심하자 6
선순위 환매특약

회사원 A씨(45세) 강원도 횡성에 경매로 나온 토지를 싸게 매수하려고 합니다.

등기부를 확인해 보니, 1순위 환매특약등기, 2순위 근저당권, 3순위 가압류, 4순위 경매개시결정등기 순입니다. 기준권리가 되는 근저당권 앞에 환매특약등기라는 것이 등장합니다. 그런데 환매기간은 이미 5년이 지난 상태입니다. 환매특약은 무엇이며, 이런 경우 매수인이 환매특약등기를 인수해야 되는지 궁금합니다.

환매특약은 매도인이 매매계약과 동시에 일정한 기간 동안 환매할 권리를 말합니다. 다시 말해 매도인은 매수인이 부담한 매매비용을 반환하고 그 목적물(부동산)을 환매할 수 있는 권리입니다. 환매대금에 대한 특별한 약정이 있으면 그 약정이 우선합니다. 또한 목적물(부동산)의 과실(임대수익)과 매매대금의 이자는 특별한 약정이 없으면 이를 상계한 것으로 봅니다.

부동산의 환매기간은 법적으로 5년이며, 그 기간은 연장하지 못합니다. 환매기간을 정하지 않았다면 그 기간은 통상 5년으로 봅니다.

이처럼 매매의 목적물이 부동산인 경우, 매매등기와 동시에 환매특약등기를 했을 경우 그 효력을 갖습니다. 그러나 매도인이 환매기간 내에 매매대금과 비용을 매수인에게 제공하지 않으면 환매할 권리를 상실하게 됩니다. 따라서 환매기간이 지나지 않은 선순위 환매특약등기는 매수인이 인수해야 합니다. 하지만 환매기간이 지난 선순위 환매특약등기는 그 권리가 상실하게 되며, 매수인이 인수하는 권리가 아닙니다. 이를 잘 구분해 경매에 들어가야 합니다.

핵심 요약

환매특약은 매도인이 매매계약과 동시에 일정한 기간 동안 환매할 권리다. 즉, 매도인은 매수인이 부담한 매매비용을 반환하고 그 목적물(부동산)을 환매할 수 있는 권리이다(민법 제590조 참조).

선순의 환매특약의 특징
– 매수인이 인수하는 권리다.
– 환매기간 내에 환매하지 않으면 권리가 상실된다.
– 환매특약 기간은 5년이며 연장할 수 없다. 기간을 정하지 않았다면 5년으로 본다.

4강

공시되지 않는 권리들 :
현장탐방으로 골라내는
돈 되는 물건들

경매물건을 분석해 보면 공시되지 않는 권리가 등장합니다. 이들 권리를 제대로 살펴보지 않으면 경매물건을 낙찰받고도 낭패를 볼 수 있습니다.

공시되지 않는 권리 중에서도 유치권, 법정지상권, 관습법상 법정지상권, 분묘기지권, 특수 지역권은 꼭 살펴야 합니다. 등기현황에 등장하지 않는 권리는 어떻게 분석해야 할까요?

답은 현장탐방입니다. 공시되지 않은 권리들은 현장탐방을 통해 확인할 수 있습니다.

공시되지 않은 권리를 잘 공부하면 유찰된 경매 물건에서 진주를 찾을 수 있습니다.

① 유치권

유치권은 타인의 물건에서 발생한 채권을 회수하지 못한 자가 그 채권이 변제기에 있는 경우, 채권을 변제받을 때까지 그 물건을 유치(점유)할 수 있는 권리를 말합니다.

말이 좀 어렵죠. 예를 들어 봅시다. 시계가 고장이 나서 시계 수리점에서 수리를 맡겼어요. 그런데 이 시계의 주인(소유자)이 시계 수리점에 수리비를 주지 않았다면 어떻게 될까요? 시계 수리점은 수리한 시계를 돌려주지 않고 보관하겠죠. 이를 유치(점유)라고 합니다. 시계를 점유함으로써 수리비를 달라고 강제하는 거죠. 만약에 수리비를 끝까지 주지 않는다면? 그 시계를 경매로 처분해서 수리비를 우선적으로 변제 받는 거죠. 앞의 예시에서 시계를 부동산으로 바꿔 이해하시면 됩니다.

그러나 "내가 이 건물에 대해 유치권이 있다"라고 주장한다고 해서 유치권이 다 생기는 것은 아닙니다. 법적으로 유치권이 성립하기 위해서는 5가지 조건을 충족해야 합니다.

유치권 성립을 결정하는 5가지 조건

첫째. 타인의 물건(부동산, 동산)이나 유가증권이어야 합니다. 현금은 유치권 대상이 아닙니다.

둘째, 채권과 목적물 사이에 관련성이 있어야 합니다. 즉, 내가 받을 돈(채권)이 유치권의 목적물에 대해서 발생되어야 한다는 뜻입니다. 예를 들어 봅시다. 부동산 시공사가 땅 주인의 의뢰를 받아 건물을 지었는데 건축비를 받지 못했다면 그 해당 건물을 점유할 수 있으며 이때는 법적으로 유치권이 성립됩니다.

그런데 시공사가 A건물과 B건물, 두 개를 지어주고 A에 대해서는 공사비를 받지 못했지만 B는 받았습니다. 그런데 공교롭게도 공사비를 받지 못한 A에 이미 임차인들이 다 들어가 살고 있습니다. 그래서 시공사가 B를 점유한다면 어떻게 될까요? 이미 B에 대한 공사비는 받았기 때문에 유치권이 성립하지 않습니다. '유치권의 목적물에 대해서 발생'된다는 조건처럼 말이죠.

셋째, 채권의 변제기가 도래되어야 합니다. 갚을 날짜가 지나야 유치권이 성립합니다.

넷째, 목적물을 적법하게 점유하고 있어야 합니다. 이 부분이 굉장히 중요합니다. 채권자는 경매개시결정 이전까지 직접 점유든 간접 점유든 물건을 점유를 해야만 유치권을 인정받습니다. 경매 개시 결정 이후 점유한다면? 유치권 성립이 되지 않습니다. 물건 분석을 할 때 유치권의 성립여부를 꼭 이 시점을 보고 판단해 봐야 합니다.

여기서 직접 점유, 간접 점유가 무엇인지 궁금하실 겁니다.

점유자가 물건을 직접적으로 지배하거나 타인(점유 보조자)의 도움을 받아 지배하는 것이 직접 점유입니다.

간접점유는 지상권, 전세권, 질권, 사용대차, 임대차, 임치, 기타 관계로 물건을 점유하게 하는 경우를 뜻합니다. 간접점유는 소유자 동의가 있어야 하고, 유치권자와 점유 매개자 사이에 임대차 계약 관계가 체결돼야 하며, 점유 매개자가 실질적으로 물건을 점유해야 됩니다. 쉽게 말해 소유자가 이 사람이 이 물건을 점유할만한 사정이 있다고 동의를 해야 성립합니다. 따라서 가끔 영화에 보는 것처럼 소유자가 살고 있는 집에 쳐들어가서 내가 유치권자니까 다 나가라 하고 드러눕는다면 어떻게 될까요? 불법 침입이 됩니다. 소유자로부터 집을 정상적으로 인도받아 점유해야 한다는 뜻입니다.

마지막으로 유치권을 배제하는 특약이 없어야 합니다. 유치권을 면제하는 별도의 계약이 있으면 안 됩니다. 이런 계약이 있었다고 하면은 유치권은 성립하지 않습니다.

사례를 통해 유치권을 알아봅시다.

커피가게를 하고 있는 A씨는 2년 전 커피가게를 하려고 사당동에 소재한 1층 상가를 임차해 인테리어 공사를 마치고, 영업을 시작했습니다. 물론 계약서에 임대차가 끝나면 상가를 원상복구 해주겠다는 조건을 달았습니다. 그런데 당초에 생각했던 것보다 현재 매출이 부진한 상태입니다. 게다가 공교롭게도 상가는 경매를 당하고 말았습니다. 그래서 그는 궁리 끝에 인테리어에 들어간 비용(1억2,000만원)을 회수할 목적으로 유치권을 신고했습니다.

영업을 하기 위해 상가를 임차한 때에는 그 영업의 목적에 맞춰 인테리어를 하는 것이 일반적입니다. 그런데 영업을 하고 있는 상가가 경매를 당할 수도 있습니다. 그러면 인테리어를 위해 지출한 비용을 회수하고 싶어집니다. 그러나 웬만해선 임차인이 주장하는 인테리어 비용은 유치권으로 성립될 가능성이 매우 낮습니다.

이처럼 임차인이 지출한 인테리어 비용(시설비)은 유치권 행사를 엄격하게 적용하고 있습니다. 임차인이 주장하는 영업상의 권리금 또는 인테리어 비용(시설비)등은 건물의 객관적인 가치를 증가시킨 비용으로 보기는 어렵기 때문입니다. 만약 임차인이 임대차 계약서상에 인테리어(시설)에 대하여 임대차가 끝나면 원상복구를 하겠다고 계약한 경우에는 유익비 상환청구권을 포기한 것으로 간주되어 유치권은 성립할 수 없습니다.

따라서 A씨가 인테리어 비용으로 지출한 돈(1억 2,000만원)은 단순히 자신의 영업을 목적으로 지출한 비용이 됩니다. 그렇기 때문에 임차인이 주장하고 있는 유치권은 성립할 수 없습니다.

핵심 요약

유치권이 인정되지 않는 대표 사례
- 보증금반환청구권
- 권리금반환청구권
- 매매대금채권
- (배신 행위에 따른) 손해배상청구권

사례: 공사대금채권도 탄핵할 수 있을까?

예를 살펴봅시다. 은퇴를 준비하고 있는 D씨는 경매로 땅을 매수해 상가주택을 직접 신축할 생각입니다. 2년 정도 경매공부에 매달린 끝에 상권이 될 만한 신도시에 위치한 땅을 발견했습니다.

유치권 때문에 3차까지 유찰된 물건입니다. 법원 현황조사서를 살펴보니, 건물의 벽체도 제대로 세워지지 않은 상태에서 공사는 중단되었고, 토지가 경매에 나왔습니다. 시공사가 공사대금채권에 대해 유치권을 주장하고 있습니다. 공사대금채권도 유치권 행사가 가능할까요?

공사대금채권이라고 해서 무조건 유치권으로 인정되는 것은 아닙니다. 특히 미완성인 상태로 건축이 중단된 경우 탄핵할 수 있습니다.

건물의 신축공사를 한 시공사가 사회통념상 독립한 건물이라고 볼 수 없는 정착물을 토지에 설치한 상태에서 공사가 중단된 경우, 정착물은 토지의 부합물에 불과하며, 이러한 정착물에 대해서는 유치권을 행사할 수 없습니다. 공사를 중단할 때까지 발생한 공사대금채권은 토지에 관하여 생긴 것이 아니므로 공사대금채권으로 토지에 유치권을 행사할 수 없습니다

자제를 납품한 경우도 마찬가지입니다. 시멘트 회사가 건물주가 아닌 공사를 수행하고 있는 시공사와 체결한 계약에 따라 공사현장에 시멘트와 모래 등의 건축 자체를 공급한 경우, 건축자재대금채권은 매매대금채권에 불과합니다. 건물 자체에 관한 채권이 아닙니다. 건물에 대한 유치권은 성립하지 않습니다

건물이 완공됐다 하더라도 건물에 하자가 있고 그 하자 및 손해에 상응하는 금액이 공사잔금 이상인 경우, 건물주는 시공사에 대한 하자보수청구권 내지 하자보수에 갈음한 손해배상채권 등에 기한 공사잔금에 대해 동시이행의 항변을 할 수 있습니다. 이때 시공사는 하자보수의무나 하자보수에 갈음한 손해배상의무 등에 관한 이행의 제공을 하지 아니한 이상 공사잔금 채권에 기한 유치권을 행사할 수 없습니다. 상가건물의 임대차계약이 끝나면 건물을 원상 복구해 임대인에게 명도해 주기로 약정하였다면, 임대차기간 동안 건물에 지출한 각종 유익비 또는 필요비의 상환청구권을 미리 포기하기로 한 취지의 특약이라고 볼 수 있다. 따라서 임차인은 유치권을 주장할 수 없습니다.

여기에 임대인과 임차인 사이에 건물명도시 권리금을 반환하기로

하는 약정이 있었다 해도 그 권리금반환청구권은 건물에 관하여 생긴 채권이라 할 수 없습니다. 따라서 그 채권을 가지고 건물에 대한 유치권을 행사할 수 없습니다.

사례: 악명 높은 유치권이 붙은 건물인데 입찰해도 괜찮을까?

길을 가다보면 유치권 분쟁에 휘말려 유령건물이 된 곳을 볼 수 있습니다. 이런 물건은 입찰하면 안될까요?

30대 회사원 K씨는 3차 매각기일을 앞두고 있는 서울 동대문구 태솔아파트1차(서울북부지방법원 사건번호 2017-7385(20))를 발견하고 눈이 번쩍 뜨였습니다. ① 최저매각가가 1억 9,712만원으로 최초감정

접수일자	권리종류	권리자	채권금액	비고
2016-11-29	근저당권	오○○	291,600,000원	기준권리
2017-02-09	근저당권	홍○○	49,500,000원	
2017-06-07	가압류	정○○	128,000,000원	
2017-07-31	임의경매	오○○	545,181,367원	

주의
사항
☞ 유치권신고 있음-2018. 4. 13.자 김령란으로부터 공사대금 70,000,000원의 유치권 권리 신고서가 제출되었으나, 그 성립 여부는 불분명함.
☞ 유치권배제 신청-2018.04.27 채권자 주식회사 오케이저축은행 유치권배제신청서 제출
☞ 2019. 1. 10.자 김령란으로부터 인감증명서가 첨부된 유치권신고 취하서가 우편 제출됨.

가 3억 800만원에서 36%(1억 1,088만원)나 떨어진 물건. 최저매각가
수준으로 낙찰 받을 수 있다면 시세보다 5,000만원 이상 싸게 매입
할 수 있는 기회였습니다. 모아둔 목돈으로 충분히 매입할 수 있는
정도이고, 몇 년 뒤 결혼하면 신혼집으로도 손색이 없어서 경매에
참여하기로 결심했습니다.

등기부를 확인해보니 1순위 근저당권, 2순위 근저당권, 3순위 가
압류, 4순위 경매개시결정(임의경매) 순입니다. 등기부에 공시되는
모든 권리는 경매로 소멸한다.

그런데 매각물건명세서의 부동산 표시에 ②'2018년 4월 13일 김
○○으로부터 공사대금 7,000만원의 유치권 신고서가 제출되었으
나, 그 성립 여부는 불분명하다'는 내용이 있었습니다.

이 물건이 두 차례나 유찰된 이유는 유치권 때문으로 보입니다. 경
매에 참여해야 할까? 말아야 할까요?

유치권은 기본적으로 유치권자들이 건물을 점유하고 있어야 성
립하는 권리입니다. 여기서 점유는 '건물이 사회통념상 유치권자의

매각물건명세서

서 울 북 부 지 방 법 원

2017타경7385

매각물건명세서

사 건	2017타경7385 부동산임의경매 2017타경4591(병합)	매각 물건번호	2	작성 일자	2019.02.11	담임법관 (사법보좌관)	김○○	
부동산 및 감정평가액 최저매각가격의 표시	별지기재와 같음	최선순위 설정		2016.11.29. 근저당권		배당요구종기	2017.07.24	

부동산의 점유자와 점유의 권원, 점유할 수 있는 기간, 차임 또는 보증금에 관한 관계인의 진술 및 임차인이 있는 경우 배당요 구 여부와 그 일자, 전입신고일자 또는 사업자등록신청일자와 확정일자의 유무와 그 일자

점유자의 성 명	점유부분	정보출처 구 분	점유의 권 원	임대차기간 (점유기간)	보증금	차임	전입신고일자,사업 자등록 신청일자	확정일자	배당요구여부 (배당요구일자)
				조사된 임차내역없음					

※ 최선순위 설정일자보다 대항요건을 먼저 갖춘 주택·상가건물 임차인의 임차보증금은 매수인에게 인수되는 경우가 발생 할 수 있고, 대항력과 우선변제권이 있는 주택·상가건물 임차인이 배당요구를 하였으나 보증금 전액에 관하여 배당을 받지 아니한 경우에는 배당받지 못한 잔액이 매수인에게 인수되게 됨을 주의하시기 바랍니다.

등기된 부동산에 관한 권리 또는 가처분으로 매각으로 그 효력이 소멸되지 아니하는 것

매각에 따라 설정된 것으로 보는 지상권의 개요

비고란
② 2018. 4. 13.자 김○○으로부터 공사대금 70,000,000원의 유치권 권리 신고서가 제출되었으나, 그 성립 여부는 불분명함. 다만, 2018. 4. 27.자 경매신청채권자로부터 유치권배제신청서가 제출됨. 2019. 1. 10.자 김명란으로부터 인감증명서가 첨부된 유치권 신고 취하서가 우편 제출됨.

사실적 지배에 속한다고 보여지는 객관적 관계에 있는 것'을 말합니다. 점유는 '건물과 사람 간 시간·공간적 관계와 본권관계, 타인지배의 배제가능성 등을 고려해 사회관념에 따라 합목적적으로 판단'(대법원 95다8713 참조)하는 것이 원칙입니다. 개념이 모호하지요.

쉽게 설명해, 건물에 24시간 상주하는 식의 직접점유만 점유로 인정하는 것이 아닙니다. 건물 출입문을 폐쇄·통제하거나 주변에 펜스를 설치하고, 유치권 행사 내용을 팻말·현수막에 적어 게시하는 등 간접점유는 물론 제3자(점유보조자)를 통해 건물을 지배·관리하는 것도 유치권 행사의 일환으로 간주됩니다.

현황조사서

단, 점유의 시작은 경매개시결정 이전에 이뤄져야 합니다. 경매개시결정 이후에는 유치권자들이 채무자 소유 부동산에 대한 유치권을 주장할 수 없습니다. 이는 유치권자들이 유치권을 내세워 매수인에게 대항한다면 경매 목적물의 교환가치를 감소시킬 우려가 있기 때문입니다(대법원 2005다22688 참조).

K씨가 관심을 가진 아파트의 경우 부동산현황조사서에 ③'현황조사를 위하여 현장을 방문했지만, 폐문부재로 소유자 및 점유자를 만나지 못하여 안내문을 투입하였으나 아무 연락이 없어 점유자 확인 불능'이라는 내용만 적혀 있습니다.

채권자들이 유치권을 행사하고 있다는 구체적인 내용은 없습니다. 따라서 유치권자들이 이 아파트를 실효적으로 점유하지 않고 있음을 알 수 있습니다. 이런 경우 유치권은 성립하기 어렵습니다. 따라서 K씨는 마음 놓고 경매에 참여해 내 집 마련의 기회를 잡아봐도 괜찮을 것으로 보입니다. 다만 이 경우에도 반드시 직접 현장탐방을 해서 부동산현황조사서에 나온 내용과 일치하는지 살피는 것이 좋습니다.

유치권이 있다고 해도 지레 겁먹을 필요는 없습니다. 현장탐방을 통해 실제로 유치권이 행사되고 있는 지 면밀히 확인한다면 의외로 좋은 물건을 낙찰 받을 수 있습니다.

법정지상권

　지상권은 '타인의 토지의 건물이나 공작물이나 수목을 소유하기 위해서 그 토지를 사용할 수 있는 권리'를 말합니다. 지상권은 당사자 사이에 계약에 의해서 성립됩니다. 내가 타인과의 계약을 통해 타인의 토지 위에 있는 건물이나 공장물, 수목을 소유하기 위하여 타인의 토지를 직접 사용할 수 있는 권리를 얻었다면 나에게 지상권이 있다고 할 수 있습니다.

　법정지상권은 이러한 권리가 법에서 정한 요건에 맞으면 인정되는 권리입니다. 간혹 소유자와 지상권자가 지상권설정을 하지 않았더라도 일정 요건에 맞으면 법적으로 '지상권을 설정한 것'으로 보기 때문입니다. 따라서 현장탐방을 통해 법정지상권이 인정되는 요건이 있는지를 꼭 살펴야 합니다.

법정지상권의 성립 요건은 4가지입니다.

첫째, 근저당권(기준권리) 설정 당시, 토지에는 반드시 건물이 있어야 합니다. 이때 이 건물은 등기된 건물이든 미등기 건물이든 상관이 없습니다.

둘째, 근저당권 설정 당시 토지소유자와 건물 소유자가 같아야 합니다.

셋째, 토지 또는 건물에 근저당권이 설정되어 있어야 합니다.

넷째, 경매로 토지와 건물의 소유자가 달라져야 합니다.

말이 어렵죠. 풀어봅시다. 경매로 건물의 소유자와 그 토지 소유자가 달라지게 되어 건물 소유자가 그 건물의 이용을 위한 법정지상권을 취득한 경우 토지소유자는 건물을 점유하는 자에 대해서 그 건물로부터 퇴거를 구할 수 없다는 것이 대법원 판례입니다(대법원 97다10314 참조).

위의 네 가지 요건이 충족하게 되면 법정지상권이 인정되며 지상물의 종류에 따라 최단 30년간 법으로 보장받게 됩니다.

지분경매에 대한 오해

경매투자자들은 법정지상권만 나오면 덮어놓고 피하려고 합니다.

대표적인 오해가 공유지분입니다. 소유자가 두 사람이고, 한 사람의 지분에 대해서만 경매가 붙여진 물건이 있습니다. 그리고 매각물건 명세서에 "법정지상권이 성립할 수 있다"는 내용이 적시되어 있습니다. 경매에서 손을 떼야 할까요?

아닙니다. 공유지분의 경우에는 법정지상권은 성립할 수 없다는 판례가 있습니다. 소유자가 두 사람 이상 토지 위에 있는 건물에 대해서 법정지상권을 인정해 주면 다른 토지 지분 소유의 권리를 제한할 수 있기 때문에 법정지상권을 인정하지 않는다는 것이 우리나라 대법원의 해석입니다(대법원 92다55756 참조). 이것만 알아두어도 지분 경매를 보는 눈이 달라지겠죠.

미등기 건물

경매물건을 분석할 때 가장 많이 등장하는 법정지상권 사례가 바로 '미등기 건물'입니다.

미등기 건물은 법정지상권이 인정되지 않는 경우가 더 많습니다. 단 원시취득의 경우 미등기 건물이라도 하더라도 인정이 원시취득은 처음으로 그 건물을 지은 사람 그러니까 소유권 보존 등기를 하든 안 하든 건물을 최초로 지은 사람은 그 소유권을 취득한 걸로 보는 것을 말합니다.

예를 들어 A라는 사람이 건물을 지어서 등기를 했다면 그는 원시

취득자가 되는 거예요. 이후 A가 B한테 건물을 팔았다면 B는 A의 권리를 승계 취득한 것이 됩니다.

그런데 미등기 건물은 소유자가 A에서 B로 C로 바뀌어도 그 소유권은 원칙적으로 A한테 있는 것이 됩니다. 우리나라 법은 원시취득자에게만 소유권을 인정해 주기 때문입니다.

구체적인 사례로 풀어봅시다. 날짜 잘 한번 기억하시고 따라와 주시기 바랍니다.

a가 2010년 1월 10일 날 토지를 사서 2010년 2월 10일 날 여기다 건물을 짓습니다. 그러나 등기는 하지 않았습니다.

그리고 이곳에서 거주하다가 2015년 3월 10일 b에게 토지와 미등기 건물을 처분합니다.

b는 다시 2015년 10월 10일 토지와 미등기 건물을 c한테 처분합니다.

2016년 11월 30일 c는 사업자금이 필요해 은행에서 토지에 근저당권을 설정해 주고 돈을 빌립니다. 그런데 대출 이자를 내지 못하는 상황이 됐고 은행은 이 땅을 경매에 붙입니다.

그렇다면 이 땅위 있는 미등기 건물은 법정지상권을 인정받을 수 있을까요? 위의 3가지 요건에 대입해 생각해 봅시다.

근저당권 설정 당시(2016년 11월 30일)에 토지 위에는 건물이 이미 존재하고 있습니다. 첫 번째 조건은 충족합니다.

두 번째 근저당권 설정 당시(2016년 10월 30일) 토지 소유주와 건물주는 같은 가요? 토지와 건물의 소유자는 c입니다. 그러나 건물은 미등기 상태입니다. 미등기 건물은 원시 취득자(a)에게만 그 소유권이 인정된다고 했죠. 따라서 법정지상권이 인정되지 않습니다.

그러나 많은 경매 물건들이 이를 무시하고 미등기 건물에 대한 법정지상권을 주장하는 경우가 참 많습니다. 이런 물건이라고 해서 지레 겁을 먹고 피할 필요가 전혀 없습니다. 위의 4가지 조건에 대입해 살펴보면 오히려 낮은 가격에 좋은 물건을 살 수도 있습니다.

설령 법정지상권이 인정되는 물건이라도 하더라도 좋은 투자기회가 될 수 있습니다. 일반적으로 법정지상권이 인정되는 토지는 경매 유찰이 잘됩니다. 주변 가격보다 굉장히 많이 떨어지겠죠. 주변 땅 가격이 평당 100만원인데 법정지상권이 인정되어 경매가 자꾸 유찰되서 평당 30만원으로 떨어진다면 100만원짜리 땅을 30만원에 살 수 있으니 오히려 기회가 될 수 있습니다.

그럼 30년 동안 법정지상권을 인정해줘야 하는데 그래도 투자할 가치가 있느냐고 물을 수 있죠? 이런 경우에는 지료(사용료)를 받으면 됩니다. 지료는 감정을 통해 산정하고 감정가에 맞춰 30년간 지상권을 가진 사용자에게 요청할 수 있습니다. 만약 지료 협의가 안 되면 법원에서 결정을 해줍니다. 최근 법원에서 내리는 지료는 감정가의 5% 수준에서 결정되고 있습니다. 나쁘지 않은 투자라고 볼 수 있습니다.

만약 법정지상권자가 지료를 2년 이상 내지 않는다면 '건물철거 및 토지인도청구소'를 제기해 법정지상권자를 퇴거시킬 수 있습니다.

그래서 법정지상권이 붙어 있더라도 미래가치가 있는 물건이라면 지료를 받아가며 손해 보지 않고 그 시간을 견뎌낼 수 있으니 투자가치로 좋다고 할 수 있습니다.

사례: 법정지상권, 비닐하우스도 성립할까?

공기업 퇴직을 앞둔 A씨는 은퇴 후 전원생활을 계획하고 있습니다. 시골에 땅을 매입하려고 주말이면 발품을 팔고 있습니다. 그러던 중 중개업소로부터 전원주택을 짓기에 안성맞춤인 경매물건을 소개받았습니다. 그런데 현장탐방을 가보니 비닐하우스가 설치되어 있고, 소유자가 법정지상권을 주장하고 있습니다(민법 제366조 참조).

법정지상권은 토지 소유자와 건물 소유권자의 가치권과 이용권의 조절을 꾀한다는 공익상의 이유로 지상권의 설정을 강제하는 강행법규입니다. 법정지상권이 성립될 경우 토지소유자는 건물을 점유하고 있는 자에게 건물 철거를 요구할 수 없습니다. 대신 토지사용료는 청구할 수 있습니다(대법원 91다29194 참조).

물론 토지에 근저당권을 설정한 이후에 건물을 신축한 경우에는 당연히 법정지상권은 성립하지 않습니다. A씨의 사례처럼 비닐하우스도 법정지상권이 인정될까요?

결론부터 이야기하면 안 됩니다. 비닐하우스는 언제든지 철거가 가능한 시설물이기 때문에 법정지상권이 성립되지 않습니다. 따라서 전원주택을 짓는데 전혀 문제가 될 여지가 없습니다.

③ 관습법상 법정지상권

관습법상 법정지상권은 법정지상권과 마찬가지로 토지 위의 지상을 사용할 수 있는 권리를 말합니다. 법정지상권은 법률에 의해 그 권리가 인정되지만 관습법상 법정지상권은 판례에 의해서 그 권리가 인정되고 있습니다.

관습법상 법정지상권이 성립하기 위해서는 3가지 요건이 맞아야 한다.

첫째, 토지와 건물 중 어느 하나가 처분될 당시에 동일인 소유여야 합니다.

둘째, 토지와 건물의 소유자가 매매 및 기타 사유(증여, 대물변제, 공유물분할, 귀속재산의 불하, 강제집행(강제경매), 공매)로 달라져야 합니다.

셋째, 건물을 철거한다는 특약이 없어야 합니다.

관습법상 법정지상권은 동일인 소유의 토지와 건물 중에서 그 어느 하나가 매매를 비롯해 증여, 공매, 강제경매 등의 원인으로 소유자가 달라질 때 발생합니다. 건물을 철거한다는 특약도 없어야 합니다.

강제경매에 있어 관습법상 법정지상권이 성립되는 시점은 압류의 효력이 발생한 시점을 기준으로 합니다. 관습법상 법정지상권에 관하여는 특별한 사정이 없는 한 지상권에 관한 규정이 준용됩니다. 관습법상의 법정지상권의 존속기간에 대해 당사자 사이에 따로 정하지 않은 때에는 지상권의 존속기간에 따릅니다.

지상권의 최단 존속기간은 ① 석조, 석회조, 연와조 또는 이와 유사한 견고한 건물이나 수목의 소유를 목적으로 하는 때에는 30년 ② 전호 이외의 건물의 소유를 목적으로 하는 때에는 15년 ③ 건물 이외의 공작물의 소유를 목적으로 하는 때에는 5년으로 합니다.

사례를 통해 알아봅시다.

사례: 약이 되는 법정지상권

30대 청년 농부 L씨는 2년 전부터 귀농해 토지를 빌려 토마토 농사를 짓고 있습니다. 어느 정도 농사에 자신감이 생기자 농장을 지

2019 타경 554

☆ 관심　🖨 입찰표　🖨

경상북도 김천시 개령면 동○○○○ 외 3필지	감정가 (19.02.11)	121,934,000원
도로명주소　다음지도　네이버지도　도시계획지도	① 최저입찰가 (49%)	**59,748,000원**
	입찰보증금 (10%)	5,974,800원

토지이용계획　사진보기　토지등기　감정평가서　현황조사서　매각물건명세서　경매진행내역　예상배당

담당계:대구지방법원 김천지원 5계(054-420-2095)

매각기일	경매개시결정일	배당요구종기일
2020-06-11 (10:00)	2019-01-24	2019-04-04
물건종류	건물면적	토지면적
전	건물은 매각제외	3052㎡ (923평)
채무자 / 소유자		특수권리 / 물건
김○○ / 김○○		토지만 매각 / 법정지상권

사진설명 : 본건 기호 (1)전경

토지등기

접수일자	권리종류	권리자	채권금액	비고	소멸
2017-12-15	근저당권	구○○	228,000,000원	**기준권리**	소멸
2017-12-15	지상권(토지의전부)	구○○			소멸
2019-01-24	임의경매	구○○	209,077,099원		소멸
기타사항	☞ 동부리 367-1 토지 등기부상 ☞ 토지4)등기부상 최선순위설정일자:2018. 2. 8. 근저당권				

②
건물등기부	※주의 : 건물은 매각제외	채권금액	비고	소멸
	☞ 건물등기부는 전산발급이 되지않아 등재하지 못함.			

주의 사항	☞토3) 지상에 매각제외되는 제시외건물로 인해 법정지상권성립 여지 있음 ☞농지취득자격증명 제출요(미제출시 보증금 미반환). 특별매각조건, 이 사건 토지 취득시 농지취득자격증명을 제출하여야 하며 최고가매수신고 후 매각허가기일까지 제출하지 아니한 경우에는 부득이한 사유가 없는 한 매수보증금을 반환하지 아니함. 토3) 토지에 대해 불법형질변경(연도미상의 건축물 및 1/2가량의 면적에 콘크리트 포장)을 이유로 농취증발급 반려되어, 매각불허가된 사건임(관할면사무소에 발급가능여부 사전확인 요망).

을 땅을 매입하려고 합니다.

　L씨가 발견한 매물은 김천 지역에 경매로 나온 땅(대구지방법원 김천지원 사건번호 2019-554). 전(田) 3052㎡(923평) 정도되는 땅입니다. ① 1차감정가 1억 2,193만원에서 51%인 6,218만원이 떨어져 최저입찰

가격은 5,974만원인 상태입니다. 등기부에는 1순위 근저당권, 2순위 지상권, 3순위 경매개시결정 순이었습니다. 등기부에 공시되는 모든 권리는 경매로 소멸되는 권리입니다.

문제는 땅 위에 오래된 미등기 건물이었습니다. ②매각물건명세서에는 "법정지상권 성립여지 있음"이라는 내용이 있었습니다.

지방에는 의외로 미등기 건물이 많습니다. 이러한 미등기 건물은 토지와 함께 상속되는 경우가 있습니다. 이후에 토지에만 근저당권이 설정되었다가 경매에 넘어가게 되면 미등기 건물에 대하여 법정지상권의 문제가 발생합니다.

원칙적으로 미등기 건물은 '원시취득'만 인정됩니다. 미등기 건물을 그 토지와 함께 매수한 사람은 그 토지에 관하여만 소유권이전등기를 넘겨받고 건물에 대하여는 그 등기를 이전 받지 못하고 있다가, 토지에 대하여 근저당권이 설정되고 그 근저당권의 실행으로 토

등기사항전부증명서 (말소사항 포함)
- 토지 -

고유번호 1713-1996-374716

[토지] 경상북도 김천시 개령면 동부리 367-1

【 표 제 부 】 (토지의 표시)

표시번호	접 수	소 재 지 번	지 목	면 적	등기원인 및 기타사항
1 (전 1)	1999년12월1일	경상북도 김천시 개령면 동부리 367-1	전	2180㎡	
					부동산등기법 제177조의 6 제1항의 규정에 의하여 2000년 03월 03일 전산이기

【 갑 구 】 (소유권에 관한 사항)

순위번호	등 기 목 적	접 수	등 기 원 인	권리자 및 기타사항
1 (전 3)	소유권이전	1989년4월7일 제6611호	1989년3월30일 매매	소유자 이○○ 621110-******* 금릉군 개령면 동부리 327
				부동산등기법 제177조의 6 제1항의 규정에 의하여 2000년 03월 03일 전산이기
2	가압류	2002년3월20일	2002년3월20일	청구금액 금21,630,546원
			1423)	
7	소유권이전	2004년7월29일 제18552호	2004년7월23일 매각	소유자 개령농업협동조합 171336-0000219 김천시 개령면 동부리 299
7-1	7번등기명의인표시 변경		2004년9월24일 주사무소이전	개령농업협동조합의 주소 김천시 개령면 동부리 180-3 2005년8월25일 부기
8	2번가압류, 3번가압류, 4번가압류, 5번가압류, 6번임의경매개시결정 등기말소	2004년7월29일 제18552호	2004년7월23일 임의경매로 인한 매각	
9	소유권이전	2005년8월25일 제23247호	2005년8월2일 매매	소유자 김○○ 김천시 모암동 181-27
9-1	9번등기명의인표시 변경	2017년12월15일 제33864호	2014년9월30일 전거	김○○의 주소 경상북도 김천시 감문면 김선로 697
10	소유권이전	2018년1월22일 제2086호	2018년1월15일 매매	소유자 김△△ 충청북도 청주시 청원구 오창읍 양청2길 29-17, 205호 거래가액 금85,930,000원

지가 경매되어 다른 사람의 소유로 되는 경우가 있습니다. 이런 경우에는 그 근저당권의 설정 당시에 이미 대지와 건물이 각각 다른

사람의 소유에 속하고 있었으므로 법정지상권이 성립되지 않습니다 (대법원 2002다9660 참조).

L씨의 사례는 어떨까? 앞에서 설명한대로 근저당권 설정 당시 토지 위에는 오래된 미등기건물이 존재합니다. 등기부를 살펴봅시다. 토지와 미등기 건물의 소유권은 경매로 매수한 A가 B에게 매도했고, B는 다시 C에게 매도한 상태입니다. 경매로 매수한 미등기 건물은 원시취득이 인정됩니다. 근저당권 설정 당시에는 소유권이 B씨에게 이전되어 있었습니다.

그러면 근저당권 설정 당시에 토지의 소유자는 B가 됩니다. 그러나 미등기 건물은 원시취득자인 A의 소유가 됩니다. 따라서 근저당권 설정 당시에 이미 토지소유자와 미등기 건물의 소유자가 다르기 때문에 법정지상권은 성립하지 않습니다.

따라서 미등기 무허가 건물의 양수인이라 할지라도 그 소유권이전등기를 경료받지 않는 한 건물에 대한 소유권을 취득할 수 없고, 그러한 건물의 취득자에게 소유권에 준하는 관습상의 권리가 있다고 보지는 않습니다. 이 경우 법정지상권이 성립하지 않습니다(대법원94다53006참조).

그렇습니다. 미등기 무허가 건물의 양수인이라 할지라도 그 소유권이전등기를 경료받지 않는 한 건물에 대한 소유권을 취득할 수 없고, 그러한 건물의 취득자에게 소유권에 준하는 관습상의 권리가 있다고 보지는 않습니다. 이 경우 법정지상권이 성립하지 않습니다(대법원94다53006참조).

L씨가 경매로 이 땅을 취득할 경우 건물에 대한 걱정을 할 필요는 없습니다.

④
분묘기지권

2022년 8월말 기준으로 전국 법원에서 8,838건의 부동산이 경매가 진행되고 있습니다. 이중에서 등기부에 공시되지 않는 특수권리가 있는 물건은 20.03%인 1,771건입니다. 좀더 구체적으로 살펴보면, 분묘기지권 1,025건(11.59%), 법정지상권 415건(4.69%), 유치권 331건(3.74%) 순입니다. 특수권리들 중에서 분묘기지권이 유독 많습니다.

분묘기지권은 법정지상권이나 유치권과는 달리 땅에 대해서만 주장할 수 있는 권리입니다. 전체 경매물건 중에서 땅은 3,297건(37.3%)을 차지합니다. 이렇게 땅으로만 분묘기지권(1,025건)의 비중을 따져보면 무려 31.08%가 됩니다.

분묘기지권은 경매물건 중에서 땅의 지목(전, 답, 임야 등)과는 상관

없이 그 권리를 주장할 수 있어 조심해야 합니다. 땅에 묘지가 존재한다는 사실을 모르거나, 또는 대수롭지 않게 생각하고 매수하면 낭패를 볼 수 있습니다. 분묘기지권이 인정되면 그 땅은 어쩌면 영원히 사용 및 수익, 그리고 처분하는 것까지 제약을 받을 수 있습니다. 땅의 소유자가 다른 사람의 분묘를 임의대로 개장 즉, 옮길 수도 없습니다.

분묘기지권이 인정받기 이해서는 아래 3가지 요건을 충족해야 합니다.

첫째, 토지소유자의 승낙을 받고 분묘를 설치한 경우.

둘째, 토지소유자가 분묘를 설치하고 그 토지를 타인에게 양도한 경우.

셋째, 타인 소유의 토지에 분묘를 설치하고 평온, 공연하게 20년간 분묘를 점유함으로써 시효 취득한 경우(다만, 2001년 1월 13일 이후 분묘를 설치한 경우에는 시효취득은 인정되지 않음).

경매에서 현장탐방은 필수라고 했습니다. 그런데 오래된 분묘 또는 관리가 안되는 분묘는 봉분이 꺼져있거나 수목에 덮여 있는 경우가 많아서 현장탐방을 가도 분묘를 놓치기 쉽습니다. 현장탐방을 간다면 대충 눈으로 볼 것이 아니라 혹시 수풀 속에 감춰진 묘지가 있는지 자세히 살펴야 합니다. 다만 봉분이 없는 묘는 분묘기지권이 인정되지 않습니다.

분묘기지권을 인정받는 토지라 하더라도 미래가치가 있다면 투자를 고려해 볼 수 있습니다. 법정지상권 사례와 마찬가지로 분묘기지권이 있는 땅은 주변 시세보다 낙찰가가 많이 낮습니다. 제가 제주도를 갈 때마다 꼭 찾아가는 대형 카페가 있는데, 정말 전망 좋습니다. 그런데 이 카페 입구에는 약간 을씨년스럽기는 하지만 분묘가 서너기 위치하고 있습니다. 카페 주인이 땅을 경매로 살 때 함께 있었던 묘지라고 합니다.

이 땅에 집을 짓고 산다면 미래가치가 떨어지겠지만 카페를 구상했던 주인에게는 분묘의 위치가 땅의 가장자리에 있어서 카페를 여는데는 무리가 없었고 오히려 싼 가격에 땅을 구입했으니 좋은 투자였다고 합니다. 이런 경우 약이 되는 분묘기지권이라고 할 수 있겠죠.

한가지 팁을 더 드리자면 법정지상권과 마찬가지로 분묘기지권자도 땅주인에게 지료를 내야 합니다. 2년간 지료를 내지 않으면 분묘 개장을 요구할 수 있습니다.

그러나 분묘기지권이 인정되고 그 분묘를 설치한 관리자가 꾸준히 관리를 한다면 이 분묘기지권의 기한은 없습니다. 대대 손손이에요. 대대손손 그 분묘기지권을 인정을 해줘야 된다는 것도 알아둡시다. 그럼 역시 사례를 통해 알아보겠습니다.

자영업을 하는 H씨. 전원주택을 짓기에 적당한 땅(전, 730㎡)을 발견합니다. 마을에서 다소 떨어져 있기는 했지만 풍광이 아름다웠습니다. 등기부를 확인해 보니, 모든 권리는 경매로 소멸됩니다. 등기부에 공시되지 않는 유치권이나 법정지상권도 없었습니다. 땅은 도로에 직사각형으로 붙어있어 모양도 좋았습니다. 땅에 대한 특별한 규제도 없었습니다.

그런데 이상하게 3차까지 유찰된 상태. H씨는 경매로 매수할 생각을 굳히고, 현장을 방문했습니다. 예상한 대로 땅이 좋아 보였습니다. 그런데 땅 한가운데에 분묘가 있었습니다.

토지 소유자라고 해서 타인의 분묘를 임의대로 개장할 수는 없습니다. 다만 분묘기지권의 존속기간은 당사자 사이에 약정이 있으면 그 약정에 따르고 약정이 없는 경우, 분묘의 관리자가 분묘를 지속적으로 관리했다면 분묘기지권은 존속합니다(대법원 81다1220 참조).

분묘기지권이 인정되는 경우, 타인의 분묘를 함부로 개장할 수는 없습니다. 그러나 장사 등에 관한 법률 시행일(2001.1.13) 이후에 설치된 분묘는 시효취득으로 인한 분묘기지권은 인정하지 않습니다. 또한 토지 소유자의 승낙 없이 분묘를 설치한 경우, 관할 시장 등의 허가를 받아 분묘를 개장할 수 있습니다. 다만 개장을 하려면 미리 3개월 이상의 기간을 정하여 그 뜻을 해당 분묘의 설치자 또는 연고자에게 알려야 합니다. 분묘의 연고자를 알 수 없는 경우에는 그 뜻을 공고해야 하며 공고기간 종료 후에도 분묘의 연고자를 알 수 없는 경우에는 화장한 후에 유골을 일정 기간 봉안하고 이를 관할 시장 등에게 신고하면 됩니다(장사 등에 관한 법률 제27조 참조).

이처럼 토지 소유자가 분묘를 설치한 후 그 소유권이 경매 등으로 타인에게 이전되는 경우, 분묘기지권은 원칙적으로 성립합니다. 그러므로 매수자가 분묘를 마음대로 개장할 수는 없지만 판결에 따라 분묘기지권에 관한 지료를 받을 수 있고 판결확정 전후에 걸쳐 2년분 이상의 지료가 연체된 경우, 분묘기지권자에 대하여 분묘기지권의 소멸을 청구할 수 있습니다.

| 분묘기지권 지급 기준

분묘기지권	지료	비고
토지소유자가 승낙	무상	단, 별도의 약정이 있으면 약정에 따른다.
토지소유자가 양도	유상	
시효 취득	유상	

---
⑤
알아두면 힘이 되는
그 밖의 경매 사례들

경매 물건을 살펴보면 기준권리, 소멸되지 않는 선순위 권리, 공시되지 않는 권리로도 설명되지 않는 경우를 종종 보게 됩니다. 토지나 건물만 별도로 경매에 나온 경우, 제시외 건물, 토지별도등기, 토지 경매에서 항상 논란이 되는 농지취득자격증명 문제 등이 여기에 해당합니다. 하나씩 살펴봅시다.

토지 또는 건물만 경매로 나온 경우

평택에 살고 있는 A씨는 4차(8,570만원) 매각을 앞두고 있는 주택(평택지원 사건번호 2018-41212)을 매수할 생각입니다. 경기도 평택시 팽

2018 타경 **41212**

 ☆ 관심   📋 입찰표   🖨

경기도 평택시 팽성읍 남산리○○○○

| 도로명주소 | 다음지도 | 네이버지도 | 도시계획지도 |

감정가 (18.04.18)	249,868,200원
최저입찰가 (24%)	59,994,000원
입찰보증금 (10%)	5,999,400원

| 토지이용계획 | 사진보기 | 건물등기 | 감정평가서 | 현황조사서 | 매각물건명세서 | 경매진행내역 | 예상배당 |

담당계:수원지방법원 평택지원 5계(031-650-3154)

매각기일	경매개시결정일	배당요구종기일
2019-03-25 (10:00)	2018-04-02	2018-06-19
물건종류	**건물면적**	**토지면적**
단독주택	346.25㎡ (105평)	토지는 매각제외
채무자 / 소유자	**특수권리 / 물건**	
최○○ / 최○○	건물만 매각	

┃ 입찰진행내용

구분	입찰기일	최저매각가격	결과
1차	2018-10-01	249,868,200원	유찰
2차	2018-11-12	174,908,000원	유찰
3차	2018-12-17	122,436,000원	유찰
① 4차	2019-02-18	85,705,000원	

성읍 남산리에 소재한 주택(건물면적 346.25㎡)인데, 이곳은 A씨가 초등학교 때 살던 곳이라 친숙한 동네입니다.

물건은 ①최초감정가 2억 4,986만원 대비 66%인 1억 6,416만원이 떨어진 상태. 등기부를 확인해보니 1순위 가압류, 2순위 경매개시결정(강제경매) 순이었다. 등기부에 공시되는 모든 권리는 경매로 소멸됩니다.

그런데 ②매각물건명세서의 부동산 표시에는 건물만 매각된다는

매각물건명세서

사 건	2018타경41212 부동산강제매		매각 물건번호	1	작성 일자	2018.09.13	담임법관 (사법보좌관)		문○○	
부동산 및 감정평가액 최저매각가격의 표시	별지기재와 같음		최선순위 설정	2016.7.12 : 가압류			배당요구종기		2018.06.19	

부동산의 점유자와 점유의 권원, 점유할 수 있는 기간, 차임 또는 보증금에 관한 관계인의 진술 및 임차인이 있는 경우 배당요
구 여부와 그 일자, 전입신고일자 또는 사업자등록신청일자와 확정일자의 유무와 그 일자

점유자의 성 명	점유부분	정보출처 구 분	점유의 권 원	임대차기간 (점유기간)	보 증 금	차 임	전입신고일자.사업 자등록 신청일자	확정일자	배당요구여부 (배당요구일자)
				조사된 임차내역없음					

※ 최선순위 설정일자보다 대항요건을 먼저 갖춘 주택·상가건물 임차인의 임차보증금은 매수인에게 인수되는 경우가 발생 할
수 있고, 대항력과 우선변제권이 있는 주택·상가건물 임차인이 배당요구를 하였으나 보증금 전액에 관하여 배당을 받지 아니한
경우에는 배당받지 못한 잔액이 매수인에게 인수되게 됨을 주의하시기 바랍니다.

등기된 부동산에 관한 권리 또는 가처분으로 매각으로 그 효력이 소멸되지 아니하는 것

매각에 따라 설정된 것으로 보는 지상권의 개요

비고란
② 1.제시외 건물 포함.
2.건축법상 사용승인없이 가처분등기의 촉탁으로 직권등기된 건물임. 일반건축물대장 및 건축물현황도는 발급이 불가함
3.등기사항전부증명서상 본 건물은 남산리 317-52,317-14,317-33,317-51의 4지상에 소재하나, 실제는 남산리 317-51,317-52
양지상에 소재함.

내용이 있습니다. 토지는 경매에서 제외된 상태였다. 건물만 경매로
나온 경우 매수하는 것이 좋은 것인지 A씨는 고민에 빠졌다.

토지 또는 건물만 따로따로 경매에 나오는 경매 물건이 있습니다.
토지만 경매로 나온 경우에는 법정지상권이 성립하는 않는 경우에
만 경매에 참여하는 것이 좋습니다. 반면 건물만 매각되는 경우에는
반드시 법정지상권이 성립하는 것이 유리합니다.

왜 그럴까요? 매수자 관점에서 따져봅시다. 경매로 토지만 매수
할 경우 법정지상권이 성립하면 최소 5년에서 최장 30년 동안 지상
권을 인정해 주어야 합니다. 토지사용료는 받을 수 있지만 대신 토
지의 사용권 및 수익권에 제한을 받게 됩니다.

반면 건물만 매수하려는 데 법정지상권이 성립되지 않으면 지상의 건물을 사용할 수 없습니다. 심한 경우 토지소유자가 건물철거 및 토지인도 청구를 할 경우 철거를 당할 수도 있습니다.

A씨의 사례는 건물만 매각되는 경우입니다. 이 물건의 미래가치는 등기부에 공시되는 권리를 따질 것이 아니라 법정지상권의 성립 여부에 달려 있습니다. 다시 강조하지만 건물만 경매로 나왔다면 법정지상권이 성립할 경우에만 매수해야 합니다. 법정지상권이 성립한다면 매우 싼 가격에 건물을 매수해 30년 동안 사용할 수 있습니다. 30년이 지나면 기간을 연장하기 위하여 토지 소유자에게 계약 갱신을 요청할 수 있습니다. 하지만 계약 갱신을 거절 당하면 지상물매수청구권을 통해 건물을 토지 소유자에게 매도할 수도 있습니다. 지상물매수청구권은 당사자(건물소유자, 토지소유자) 일방의 의사표시로 계약이 성립되며 토지소유자가 마음대로 건물 매수를 거부할 수 없습니다. 형성권*이기 때문입니다.

그런데 본 건의 경우, 법정지상권이 성립하기 어려울 것으로 보입니다. 경매로 나온 토지가 ③에서 보듯이 이 토지는 여러명의 소유자가 있는 공유지분이기 때문입니다. 토지의 소유주가 여러 명일 경우 토지공유자 한 사람이 다른 공유자의 지분 과반수의 동의를 얻어 건물을 건축할 수 있습니다. 이때 건물을 신축한 후에는 토지와 건물의 소유자가 달라지게 됩니다. 이런 경우에 법정지상권이 성립되면, 이는 토지공유자의 1인으로 하여금 자신의 지분을 제외한 다

---

* 당사자(권리자) 일방의 의사표시로 법률 효과가 나타는 권리를 말한다.

![등기사항전부증명서]

등기사항전부증명서 (말소사항 포함)
- 토지 -

고유번호 1313-2004-000773

[토지] 경기도 평택시 팽성읍 남산리 317-52

【 표 제 부 】	(토지의 표시)				
표시번호	접 수	소 재 지 번	지 목	면 적	등기원인 및 기타사항
1	2004년2월25일	경기도 평택시 팽성읍 남산리 317-52	전	153㎡	분할로 인하여 경기도 평택시 팽성읍 남산리 317-33 에서 이기

【 갑 구 】	(소유권에 관한 사항)			
순위번호	등 기 목 적	접 수	등 기 원 인	권 리 자 및 기타사항
1 (전 1)	소유권이전	1990년5월8일 제20944호	1990년5월4일 매매	소유자 김묘년 310425-******* 평택군 팽성읍 남산리 산42-4 분할로 인하여 순위 제1번을 경기도 평택시 팽성읍 남산리 317-33에서 전사 접수 2004년2월25일 제9385호
2	소유권이전	2016년4월29일 제28531호	2008년12월27일 상속	③ 공유자 지분 6분의 1 최인섭 511007-******* 서울특별시 동대문구 휘경로3길 11-15 (이문동) 지분 6분의 1 최인성 530714-******* 경기도 평택시 고덕면 궁2길 37-24, 201동 501호 (영화블렌하임아파트) 지분 6분의 1 최인숙 560409-******* 경기도 평택시 팽성읍 팽성송화로 163, 102동 504호 (주공아파트) 지분 6분의 1 최인순 580725-******* 경기도 평택시 팽성읍 팽성남산3길 11-9 지분 6분의 1

른 공유자의 지분까지 지상권설정의 처분행위를 허용하는 셈이 되어 부당하다고 봅니다. 그래서 토지가 공유지분일 경우에는 법정지상권은 성립할 수 없습니다(대법원 92다55756 참조).

정리해 봅시다. 건물만 경매로 나왔다면, 반드시 법정지상권이 성립될 경우에만 매수해야 합니다. 법정지상권이 성립되지도 않는 건물을 매수하면 매수금액을 몽땅 손해 볼 수 있다는 점을 명심합시다.

제시외 건물

  편의점을 하고 있는 R씨는 경매로 상가주택을 매수하기 위해 공부를 하고 있습니다. 그러던 중 마음에 드는 2층 상가주택을 발견합니다. 편의점을 하기에 좋은 위치로 1층은 편의점, 2층 주택으로 사용하기 딱 좋은 건물이었습니다. 인구가 늘어나고 있는 신도시 주변지역이라 미래가치도 좋아 보였습니다. 그런데 경매물건을 자세히 살펴보니, 상가주택 옥상에 위치한 옥탑 방은 '제시외 건물'로 표시되어 있었습니다.

  제시외 건물이란 등기부에는 존재하지 않는 미등기 건물을 말합니다. 예를 들어 옥외 화장실을 비롯해 창고, 옥탑 방, 보일러실 등이 대표적입니다. 여기에 사용승인을 받지 않은 건물도 포함됩니다. 제시외 건물은 그 쓰임새 및 용도에 따라 빌트인 가구, 전자제품처럼 독립성을 잃고 건물과 일체화된 부합물 또는 농장의 창고 같이 건물의 쓰임에 도움을 주는 종물로 구분합니다.

  저당권의 효력은 저당부동산에 부합된 부합물과 종물에도 미치며 부동산의 소유자는 그 부동산에 부합한 물건의 소유권도 함께 가지게 됩니다.

  이러한 점을 고려하면, 증축한 건물이 기존건물과 분리해서 독립된 건물로써 효용을 갖지 못할 경우에는 부합물로 봅니다. 또한 기존건물에 대한 근저당권은 증축된 부합물에도 효력이 미칩니다. 그러므로 기존건물에 대한 경매에서 그 증축된 부분이 평가되지 않았어도 매수인은 부합된 증축부분의 소유권을 취득할 수 있습니다.

예를 들어 지하 주상복합건물(지하1층, 지상7층)을 신축하면서 불법으로 주택의 7층 부분에 복층으로 건축(상층)한 경우를 상정해 봅시다. 그 상층은 독립된 외부 통로가 없이 하층 내부에 설치된 계단을 통해서만 출입이 가능합니다. 별도의 주방시설도 없이 방과 거실로만 이루어져 있다면, 이런 경우 상층은 하층에 부합되는 것으로 봅니다.

따라서 제시외 건물인 옥탑 방이 매각대상 물건에 포함되어 있다면 매수인은 소유권을 취득할 수 있습니다. 반면 매각대상 물건에서 제외되었다면, 매수인은 소유권을 취득할 수 없습니다. 이때는 법정지상권이 성립할 수도 있어 주의해야 합니다.

농지취득자격증명

40회사원 B씨는 이직하면서 퇴직금으로 1억 2,000만원을 받았습니다. 원래 금융상품에 넣어두려 했으나 아내는 노후대비 차원에서 미래가치가 있는 땅을 경매로 사서 10년 이상 장기로 묻어두자고 합니다.

고민 끝에 아내의 뜻을 따르기로 했습니다. 그날 이후 부부는 경매 공부를 하며 주말마다 땅을 보러 다녔습니다. 발품을 팔며 돌아다닌 끝에 3차(최저감정가 1억 804만원) 매각기일을 앞두고 있는 경기도

☼ **2017 타경 512367**

☆ 관심 📄 입찰표 🖨

경기도 화성시○○○○

도로명주소	다음지도	네이버지도	도시계획지도

감정가 (17.11.03) **220,500,000원**
① 최저입찰가 (49%) **108,045,000원**
입찰보증금 (10%) **10,804,500원**

토지이용계획	사진보기	토지등기	감정평가서	현황조사서	매각물건명세서	경매진행내역	예상배당

담당계:수원지방법원 본원 5계(031-210-1265)

매각기일	경매개시결정일	배당요구종기일
2018-11-28 (10:30)	2017-10-30	2018-01-10
물건종류	건물면적	토지면적
전		525㎡ (159평)
채무자 / 소유자	특수권리 / 물건	
예○○ / 예○○		

화성시 기산동에 소재한 땅(수원지방법원 사건번호 2017-512367)을 발견
했습니다. 과연 투자 가치가 있는 땅일까요?

B씨가 관심을 가진 땅은 ①최초감정가 2억 2,050만원 대비 51%
인 1억 1,245만원이 떨어진 상태였습니다. 등기부를 보면 권리관계
는 매우 간단합니다. 1순위 근저당권, 2순위 경매개시결정. 그런데
매각물건명세서에 ②'농지취득자격증명원 제출 요함, 미제출시 보
증금을 몰수함'이라는 내용이 있습니다. 농지취득자격증명원은 무
엇이며, 경매로 매수하는 땅인데, 왜 농지취득자격증명원이 필요할
까요?

농지취득자격증명이란, 농지를 매수할 수 있는 자격을 증명하는
문서로 농지를 취득할 때 꼭 필요합니다. 만약 농지에 대하여 매수

매각물건명세서

수 원 지 방 법 원

2017타경512367

매각물건명세서

사 건	2017타경512367 부동산임의경매		매각 물건번호	1	작성 일자	2018.11.07		담임법관 (사법보좌관)	홍성일	
부동산 및 감정평가액 최저매각가격의 표시	별지기재와 같음		최선순위 설정			2015.05.20.근저당권		배당요구종기	2018.01.10	

부동산의 점유자와 점유의 권원, 점유할 수 있는 기간, 차임 또는 보증금에 관한 관계인의 진술 및 임차인이 있는 경우 배당요구 여부와 그 일자, 전입신고일자 또는 사업자등록신청일자와 확정일자의 유무와 그 일자

점유자의 성 명	점유부분	정보출처 구 분	점유의 권 원	임대차기간 (점유기간)	보 증 금	차 임	전입신고일자,사업 자등록 신청일자	확정일자	배당요구여부 (배당요구일자)

조사된 임차내역없음

※ 최선순위 설정일자보다 대항요건을 먼저 갖춘 주택·상가건물 임차인의 임차보증금은 매수인에게 인수되는 경우가 발생 할 수 있고, 대항력과 우선변제권이 있는 주택·상가건물 임차인이 배당요구를 하였으나 보증금 전액에 관하여 배당을 받지 아니한 경우에는 배당받지 못한 잔액이 매수인에게 인수되게 됨을 주의하시기 바랍니다.

등기된 부동산에 관한 권리 또는 가처분으로 매각으로 그 효력이 소멸되지 아니하는 것

매각에 따라 설정된 것으로 보는 지상권의 개요

② 비고란

농지취득자격증명원 제출요함(미제출시 보증금을 몰수함).

계약을 해놓고 농지취득자격증명을 발급 받지 못하며 소유권이전등기를 할 수 없습니다. 경매 또는 공매로 농지를 취득하는 경우에도 농지취득자격증명이 있어야 합니다.

농지를 경매로 매수해 놓고, 매각결정기일까지 농지취득자격증명을 제출하지 못하면 입찰보증금을 몰수당할 수 있으니 농지 경매를 할 때는 주의해야 합니다.

농지는 지목(地目)상으로 전(田)·답(畓)을 비롯해 과수원 등을 포함합니다. 하지만 농지를 지목만 가지고 구분하지는 않습니다. 공부상의 지목이 전·답 등이 아니라도 실제로 농작물을 경작하거나 또는 다년생식물 재배하는 땅은 농지로 봅니다(농지법 제2조 참조).

농지를 매수하는 경우에는 농지취득자격증명이 반드시 필요하지만 여기에도 예외는 있습니다.

예를 들어 봅시다. 경매로 나온 땅의 지목이 전이라고 합시다. 그런데 실제로는 오랫동안 농작물을 경작하지 않는 땅입니다. 이런 경우, 농지법을 적용해 농지로 보기 어렵습니다. 실제로 농지로 사용하지 않으면 최고가매수신고인이 농지취득자격증명을 제출하지 않았어도 매각불허의 사유가 될 수는 없다는 판례가 있습니다. 따라서 농지로 분류된 물건이라 하더라도 현장답사를 통해 현황을 파악해 농사를 짓는 땅이 아니라면 입찰할 수 있습니다.

농지취득자격증명은 농지 소재지를 관할하는 시·구·읍·면장에게서 발급받으면 됩니다. 이때 농업경영계획서에 ① 농지의 면적 ② 농지에서 농업경영을 하는 데에 필요한 노동력 및 농업 기계·장비·시설의 확보 방안 등을 기재해야 합니다.

수목·천연과실

동대문 시장에서 자영업을 하고 있는 M씨는 귀농을 꿈꾸고 있습니다. 마침 2차까지 유찰된 땅(전)을 발견했다. 마음에 들었습니다. 권리관계도 깔끔합니다.

1순위 근저당권, 2순위 가압류, 3순위 가압류 4순위 경매개시결정 순으로 모든 권리는 경매로 소멸됩니다. 현장으로 가보니 밭에는 사과나무와 함께 농작물(들깨, 고추)이 심어져 있었습니다. 그런데 매각물건명세서를 보니 사과나무와 농작물의 소유권이 누구의 것인지 조사되어 있지 않았습니다. 만약 이 땅을 낙찰 받으면 매수자가 사과나무와 농작물에 대해서도 권리를 행사할 수 있을까요?

토지 위에 있는 수목(과일나무 등)의 경우, 토지 소유자인 매수자가 그 권리를 원칙적으로 행사할 수 있지만 입목(立木)등기 또는 명인(明認)방법에 의해 소유권이 확실하게 공시된 경우, 매수자는 그 권리를 행사할 수 없습니다.

농작물의 경우도 토지의 일부로 간주되고 있으므로 당연히 토지를 낙찰 받은 매수자가 권리를 행사할 수 있습니다. 그러나 농작물을 토지 소유자가 아닌, 권리가 없는 타인이 경작했더라도 그 농작물의 소유권은 경작자에게 있습니다. 다시 말해 권리가 없이 농작물을 재배하였거나, 설령 위법하게 경작한 경우에도 우리 법은 농작물에 대한 권리는 언제나 경작한 사람의 소유로 인정하고 있습니다.

단, 사과 같은 천연과실에 대한 권리는 강제경매인 경우에 한해서, 채무자가 임의경매인 경우에는 매수자가 그 권리를 행사할 수 있습니다. 참고로 천연과실에는 과수의 열매, 곡물, 광물, 석재, 토사 등이 해당합니다.

위의 사례의 경우 입목등기 또는 명인방법에 의해 소유권이 명확하지 않으면 매수자가 그 권리를 행사할 수 있습니다. 또한 농작물의 경우도 타인이 아닌 토지 소유자가 경작하였다면, 그 권리는 매수자가 행사할 수 있습니다.

지분경매

P씨는 2번 유찰된 아파트를 발견했습니다. 등기부를 살펴보니, 매수인이 인수하는 권리는 하나도 없었고 소유자가 직접 점유하고 있어 대항력 있는 임차인 문제도 없었습니다. 대형 아파트 단지로 교육환경을 비롯해 편의시설 및 교통환경도 좋아 보였습니다. 그런데 보기 드물게 깨끗한 경매물건이 2번 유찰된 이유가 뭘까요?

아파트 소유자(배우자 공동소유)는 2명이었습니다. 그리고 배우자 한 사람의 지분만 경매로 나온 상태입니다. 이처럼 2분의 1 씩 공동으로 소유한 아파트에 대해 2분의 1 지분만 경매하는 것을 지분매각, 즉 지분경매라고 합니다. 지분경매의 경우 매수인이 인수하는 권리가 없어도 유찰되는 경우가 많습니다. 왜냐하면 다른 공유자(소유자)에게 우선매수권이 주어지기 때문입니다. 공유자의 우선매수권은 2인 이상 공동으로 소유한 부동산 중, 일부 지분에 대하여 경매가 진행될 경우, 다른 공유자(소유자)가 우선적으로 그 지분을 매수할 수 있는 권리를 말합니다(민사집행법 제140조 참조). 이때 공유자는 매각기일까지 최고가매수신고가격과 동일하게 우선 매수할 것을 신고해야 하며, 보증금을 제공하면 우선매수권의 행사가 완료됩니다(대법원 99마5871 참조).

지분경매는 최고가매수신고인이 있어도 우선매수권을 행사한 공유자에게 경매물건을 매수할 수 있는 기회를 우선적으로 줍니다. 그러므로 지분경매의 경우, 경매에 참여해 최고가매수신고를 했어도 다른 공유자가 우선매수권을 행사하면 헛수고가 됩니다. 당연히 지분경매를 기피하게 되고 유찰이 되는 것이죠.

하지만 지분경매의 경우에도 공유자가 반드시 우선매수권을 행사하는 것은 아닙니다. 공유자의 사정에 의해 우선매수권의 행사를 못하는 경우가 더 많은 편입니다.

따라서 공유자가 우선매수권을 행사할 것이라고 예단하지 맙시다. 권리분석에 문제가 없고, 미래가치까지 갖추어진 지분경매는 적극 참여해 볼만 합니다.

지분경매에 참여해 낙찰을 받는 경우, 다른 공유자와 협의(매수·매도)를 통해 부동산을 청산할 수 있습니다. 다만, 일부 지분만 매수한 매수인은 다른 공유자의 동의 없이 공유물을 처분하거나 변경하지 못합니다(민법 제264조 참조). 그러나 공유자와 협의가 되지 않으면, 공유물분할청구소송을 통해 그 아파트를 다시 경매에 붙여 매각대금으로 청산하면 됩니다(민법 제269조 참조).

지분경매를 특수물건으로 생각해 기피하지 말아야 합니다. 특히 공유자가 우선매수권을 행사할 것이라고 단정짓지도 마시기 바랍니다. 물론 일부 지분만 매수한 부동산에 대해서는 공유자의 동의 없이 처분 및 변경 행위를 단독으로 할 수는 없습니다. 하지만 공유자와 합의를 하거나, 다시 경매를 통해 환가할 수 있습니다. 물론 공유물을 청산하는 과정이 번거로울 수는 있지만 지분경매는 온전한 경매물건에 비해 싸게 살 수 있으며, 무엇보다 내 집 마련의 좋은 기회가 될 수 있습니다.

부동산 경매로 하는
갭투자

경매에도 갭투자가 가능합니다. 사례를 통해 갭투자 경매에 대해
소개합니다.

A씨는 경기도 남양주 와부읍 덕소에 소재한 동부센트레빌아파트
(전용면적 84.98㎡, 의정부지방법원 사건번호 2021-74736)가 1차 경매에 참여
할 생각입니다.

권리분석을 해봅시다. 1순위 근저당권, 2순위 근저당권, 3순위 가
압류, 4순위 압류, 5순위 압류, 6순위 경매개시결정(임의경매) 순입니
다. 모든 권리는 경매로 소멸합니다. 그러나 ①대항력과 우선변제
권을 갖춘 임차인(보증금은 3억 2,000만원)이 있고 배당요구를 한 상태
입니다(213쪽 표 참조).

2021 타경 **74736**

☆ 관심　🗐 입찰표　🖨

경기도 남양주시 와부읍 덕○○○○, 남양주덕○○	감정가 (21.04.01)	644,000,000원
도로명주소　다음지도　네이버지도　도시계획지도	최저입찰가	644,000,000원
	입찰보증금 (10%)	64,400,000원

토지이용계획　사진보기　건물등기　감정평가서　현황조사서　매각물건명세서　부동산표시목록　경매진행내역　예상배당

담당계:의정부지방법원 본원 6계(031-828-0326)

매각기일	경매개시결정일	배당요구종기일	
2021-08-17 (10:30)	2021-03-25	2021-06-14	
물건종류	전용면적	대지권	
아파트	84.98㎡ (26평)	46.74㎡ (14평)	
채무자 / 소유자	특수권리 / 물건		
김○○ / 김○○	대항력 있는 임차인		

▌등기현황

접수일자	권리종류	권리자	채권금액	비 고
2019-06-03	근저당권	파○○	380,000,000원	**기준권리**
2020-03-19	근저당권	(주)하○○	50,000,000원	
2020-03-30	가압류	신○○	172,777,341원	
2020-10-06	압류	남○○		
2021-02-17	압류	삼○○		
2021-03-25	임의경매	파○○	380,000,000원	
2021-04-22	가압류	(주)케○○	1,947,323,941원	

　　1차 최저입찰가격(6억 4,400만원) 이상으로만 낙찰되면 임차인은 법원으로부터 보증금을 배당 받기 때문에 A씨가 낙찰받는다고 해서 추가로 들어갈 돈은 없습니다.

임차현황

- 기준권리일: 2019.06.03
- 배당종기일: 2021.06.14

	임차인	전입/확정/배당	보증금/차임	대항력
①	박○○	전입일자: 2017.03.13 확정일자: 2017.03.13 배당요구: 2021.04.23	보증: 320,000,000원	있음

임차인분석	☞면지 출장시 만난 임차인 아들을 만나 임차인과 통화를 한 바, 임차인 진술에 의하면 현재 거주하고 있다고 함. 전입세대열람내역 및 주민등록표 기재상 임차인 박 이 등재되어 있음. ☞전입세대열람 결과 임차인 박 세대가 등재되어 있고, 현장에서 통화한 임차인 박 에 의하면 임차인 세대만 거주하고 있다고 하나 임대차에 관한 자세한 사항은 별도 확인이 필요함. ☞임대차관계는 임차인과 통화내용 및 전입세대 열람내역 및 주민등록표에 의함. ▶매수인에게 대항할 수 있는 임차인 있으며, 보증금이 전액 변제되지 아니하면 잔액을 매수인이 인수함

A씨는 현장탐방을 통해 아파트 단지가 위치한 동네를 둘러봤습니다. 실거래가격은 매매의 경우 7억 8,000만원, 전세는 6억원 수준입니다. 경매지만 전세를 끼고 투자하기(갭투자)에 유리한 조건이었습니다.

A씨는 경매에 참여할 결정을 마치고 매각기일에 법원으로 향합니다. 입찰표를 쓰기 전에는 최저매각금액 수준으로 입찰금액을 생각지만 입찰표를 작성하는 순간 왠지 좀 더 입찰가격을 올려서 써야 할 것만 같았습니다. 최종 입찰금액은 6억 6,720만원을 냈고 낙찰받는 데 성공했습니다.

매각기일 당일에 최고가매수인은 법원으로부터 입찰보증금(6,440

만원)에 대한 영수증을 받고, 매각허가결정 이후 대금납부에 대하여 준비해야 합니다.

갭투자를 하기로 했으니 대금납부 전에 임차인을 구해야 합니다. 우선 현재 점유하고 있는 임차인과 전화로 명도에 대한 계획을 차분하게 설명해 주었습니다. 임차인은 어린 자녀가 있어 이사 갈 수 있는 형편이 아니라며, 임대차 계약을 요청해 왔습니다. 임차인의 요청으로 시세보다 다소 싼 전세 가격(보증금 5억 5,000만원) 수준으로 임대차 계약을 마쳤습니다.

매수자에게 자금계획도 매우 중요합니다. 그런데 경매 초보자는 입찰보증금만 준비하고 나머지 돈은 막연히 경매 대출을 통해 조달하면 된다고 생각하는 경우가 많습니다. 하지만 주택 경매의 경우에도 매매와 같은 대출 규제의 적용을 받기 때문에 LTV(주택담보비율), DTI(총부채상환비율), DSR(총부채원리금상환비율)의 적용을 받습니다. 게다가 무주택자라 해도 투기과열지구에 소재한 아파트를 낙찰을 받으면 낙찰금액이 15억원이 넘을 경우 대출은 한 푼도 받을 수 없습니다(제2금융권인 저축은행 등을 통해 경매 대출을 받을 수 있으나, 높은 대출금리를 고려해야 합니다).

A씨는 처음부터 제1금융권의 경매 대출을 받을 생각을 버렸습니다. 대출금리가 높은 제2금융권에서 돈을 빌리는 것도 계획에는 두지 않았습니다. 대신 전세를 끼고 경매에 투자할 계획을 세웠습니다.

이처럼 경매도 갭투자가 얼마든지 가능합니다. 경매로 낙찰받은 물건은 소유권이전등기를 하지 않았어도 대금납부를 하면 소유권이 이전된 것으로 봅니다. 예를 들어 낙찰 받은 아파트에는 대부분 점유자(소유자, 채무자, 임차인 등)가 살고 있습니다. 따라서 대항력이 없거나, 대항력을 갖춘 임차인이 배당요구를 한때에는 대금납부하기 전부터 명도에 관하여 협의하는 것이 좋습니다. 왜냐하면 점유자가 임대차 계약을 요청할 수 있기 때문입니다.

이때 매수인은 주변 시세보다 다소 싸게 임대차 계약을 하는 대신에 전세보증금은 대금납부 당일에 지급해 주는 조건을 제시하면 계약이 성립될 가능성이 높아집니다. 또한, 점유자와 임대차 계약이 불발된 때에는 아파트 소재지 공인중개사의 도움을 받아 새로운 임차인을 구하면 됩니다.

위의 사례의 경우, 아파트 매수금액은 6억 6,720만원입니다. 입찰보증금 6,440만원을 감안하면 나머지 6억 280만원의 돈을 대금납부해야 하는 상황이죠. 여기서 A 씨는 주변 시세보다 약 5,000만원 정도 싼 전셋값으로 기존 임차인과 5억 5,000만원에 임대차 계약을 체결해 자금조달에 성공합니다. A씨는 1억 1,720만원 정도로 아파트를 사게 된 것이죠.

A 씨는 일정 규모의 자본수익이 생기면 아파트를 매도할 생각입니다. 물론 경매 투자 시에 들어간 제반 비용을 공제하고, 그 자본수익의 규모는 1억원 정도의 예상됩니다.

경매 Tip

인도명령, 대금납부와 동시에 신청하자

중소기업에 다니는 R씨는 경매로 수도권에 있는 아파트를 장만했다. 소유자가 아닌, 임차인이 살고 있는 아파트다. 임차인은 대항력이 없었다. R씨는 대금납부를 하고, 소유권이전등기를 마쳤다. 그런데 임차인이 아파트를 비워주지 않는다. 하루 이틀 명도날짜를 미룬 것이 어느새 3개월이 넘는다. 어떻게 해야 할까?

대항력이 없는 임차인이 아파트의 인도를 거부하는 경우가 종종 있습니다. 이때 매수자가 임차인을 상대로 명도소송을 통해 부동산을 인도받게 되면 시간적 · 경제적으로 부담이 될 수밖에 없습니다. 그래서 법에서는 매수자에게 경제적인 부담을 덜어주기 위해 인도명령에 의해 부동산을 신속하고 간편하게 인도 받을 수 있도록 규정하고 있습니다.

인도명령은 대금납부를 마치고 6개월 내에 신청할 수 있습니다. 인도명령을 신청하면 법원은 대항력이 없는 임차인에게 부동산을 매수자에게 인도하도록 명할 수 있습니다. 법원으로부터 인도명령 결정이 내려 졌는데도 임차인이 이에 따르지 않는다면 집행관에게 그 집행을 신청해 부동산을 인도 받으면 됩니다(민사집행법 제136조 참조).

매수인은 대금납부와 동시에 우선적으로 인도명령을 신청하는 것이 유리합니다. 임차인 등과 적절한 협의를 통해 부동산을 인도 받는 것이 가장 좋습니다. 하지만 협의가 가능할 경우에도 인도명령을 신청해 두는 것이 안전합니다. 또한 임차인 등이 심하게 몽리를 부리는 경우도 있습니다. 이때 시간과 비용을 낭비해 가며 협상으로 해결하는 것보다, 신속하게 인도명령결정을 집행하는 것이 좋습니다.

대금납부 후 6개월 이내에 인도명령을 신청하지 못한 경우에는 명도소송을 통해 부동산을 인도받아야 합니다. 명도소송은 인도명령에 비해 시간과 비용이 많이 들어갑니다. 또한 명도하는 데까지 지체된 기간 동안 부동산의 사용권 및 수익권을 행사할 수 없습니다. 당연히 그 기간 동안의 기회손실이 발행하게 됩니다.

따라서 인도명령은 법에서 정해진 기간 내에 반드시 신청해야 합니다. 만약 명도소송을 통해 부동산을 인도 받아야 하는 경우, 소송에 앞서 우선적으로 임차인 등과의 협상에 의해 해결하는 것이 좋습니다. 참고로 명도소송 도중에 임차인이 이사를 가고, 다른 사람이 부동산을 점유하는 경우가 발생할 수도 있습니다. 이런 경우에는 처음부터 명도소송을 다시 시작해야 하는 번거로움뿐 만 아니라, 추가 비용과 시간이 더 걸립니다. 그러므로 명도소송을 신속하게 끝내기 위해서는 임차인이 이사할 수 없도록 점유이전금지 가처분을 해 두는 것이 좋습니다.

경매로 매수한 아파트에 전소유자가 살지 않고, 빈집이 확실하다면 인도명령을 거치지 않고 문을 열고 들어갈 수는 있습니다. 그러나 전 소유자가 나타나 집안에 중요한 귀중품이 있었다고 주장하면, 이에 따른 민·형사상의 책임에 휘말릴 수 있습니다. 이사간 집이라고 해서 쉽게 출입문을 열고 들어갈 수 있다고 생각하면 곤란합니다.

빈집일 경우에도 인도명령결정을 받아, 정상적인 방법에 의해 출입문을 열고 들어가는 것이 좋습니다. 반드시 집행관의 입회 하에 출입문을 열어야 법적으로 효력이 있습니다.

전소유자가 행방불명이 된 상태에서는 인도명령결정이 내려진 이후에도 강제집행을 실행하기가 매우 어려워질 수 있습니다. 전소유자의 주소지가 불분명할 경우에는 신속하게 야간송달 및 특별송달을 거쳐, 공시송달 방법으로 강제집행 절차를 밟아야 합니다.

아파트, 수익형 부동산에서 토지까지
유형별 투자법

5강에서는 부동산 경매에서 가장 인기 있는 물건인 아파트, 토지, 수익형 건물의 미래가치를 읽는 법을 소개합니다. 미래가치를 결정하는 주요 조건과 이를 현장탐장을 통해 읽어내는 법을 중점적으로 다룹니다.

①
아파트
투자

부동산 경매에서 가장 인기 있는 물건은 단연 아파트입니다. 저는 내 집 마련을 준비 중인 분들에게 경매를 통해 아파트를 장만하라고 권합니다. 우리나라 아파트는 어느 지역을 가더라도 규격화되어 있고 입지, 브랜드 등에 따른 미래가치 분석이 어느 정도 표준화되어 있어서 초보 경매 투자자들도 어렵지 않게 공략할 수 있습니다.

현금화할 때도 땅이나 다른 수익형 물건에 비해 매매, 임대가 용이합니다. 그럼 현장에서 아파트의 미래가치를 알아는 법을 하나씩 소개하겠습니다.

아파트의 미래가치를 결정하는 요소들

세대수

가장 먼저 확인할 것은 세대수입니다. 예를 들어 수원의 같은 지역 아파트라면 미래가치의 첫 번째 판별 기준은 세대수입니다. 세대수의 기준은 2,000세대 전후면 양호하고 500세대 미만이면 미래가치가 없다고 보시는 것이 좋습니다. 다시 말해 최소 1,500가구에서 최대는 한 2,500가구를 기준으로 보십시오.

세대수가 중요한 이유는 규모의 경제 때문입니다. 신축 아파트는 헬스장, 키즈카페, 도서관 등 커뮤니티 시설이 잘 갖춰져 있습니다. 이런 시설이 지어지고 운영되려면 가장 중요한 기준이 무엇일까요? 바로 세대수입니다. 규모의 경제가 가능하기 때문이죠. 재건축을 할 때도 경쟁성의 첫 번째 척도는 세대수가 됩니다. 세대 수가 적으면 세대수가 많은 아파트에 비해 더 많은 추가 부담을 져야 합니다.

교육환경

'초품아'라는 말을 한번쯤 들어보셨을 겁니다. '초등학교를 품고 있는 아파트'라는 뜻이죠. 강남 8학군, 목동이나 중계동에 소재한 아파트들도 아파트 주변에 학교가 어떻게 입지해 있느냐에 따라 가격이 달라집니다.

좀 더 상세히 분류해보면 유치원, 초등학교, 중학교, 고등학교 모두 잘 갖춰진 곳이 좋겠지만, 그중에서도 단지 안에 초등학교가 있는 아파트(초품아)가 가장 가치가 높습니다. 초등학교를 품고 있는 단지가 있고, 중학교를 품고 있는 단지가 잇다면 단연 초등학교 있는 단지를 선택하는 게 좋습니다. 또한 주변에 학원가 등 사교육 시스템이 형성되어 있는지 살펴보는 것도 꼭 필요합니다.

편의시설

백화점, 대형마트, 종합병원, 호텔, 도서관 등이 인접해 있는지 살펴봅니다. 다만 온라인 쇼핑몰의 영향으로 과거에 비해 백화점, 대형마트의 중요성은 떨어지는 추세입니다. 대신 최근에는 고령화 시대를 반영해 종합병원, 대학병원이 아파트 단지로부터 30분 이내에 있으면 미래가치가 굉장히 높아집니다.

대중교통

세대수, 교육환경, 편의시설을 확인한 다음 살펴야 할 것이 대중교통 인프라입니다. 아파트 분양 정보를 보면 '지하철에서 차로 10분 역세권' 같은 표현이 있습니다. 차로 10분을 가야한다면, 역세권이 아닙니다. 지하철역이 단지에서 걸어서 5~10분 거리에 있느냐가 중요한 판단 기준이 됩니다. 환승역 또는 반경 도보 10분 내에 지하철역이 두 곳 있는 더블 역세권이면 더 좋겠죠.

지하철역 외에도 버스노선의 다양성과 배차시간, KTX, 공항, 고속도로 등 광역교통과의 접근성 따져 봐야 합니다. 광역교통망의 경우 너무 가깝게 위치할 경우 오히려 소음에 시달릴 수 있습니다.

자연환경

뉴욕 센트럴 파크 주변 지역의 집값은 오래된 집도 3.3㎡(1평당) 3~4억이 넘습니다. 센트럴 파크라는 공원의 힘이죠. 삭막한 도시 생활에서 자연을 느낄 수 있는 공원과 가깝다면 아파트의 가치는 훨씬 높아집니다.

예를 들어서 서울에서도 한강 둔치, 양재천, 올림픽 공원. 용산 공원, 여의도 공원을 끼고 있는 지역의 미래가치가 높습니다. 앞으로 미군 기지가 있던 장소에 85만 평 정도의 공원이 조성되면 주변 집값에 큰 영향을 미치게 됩니다.

세대수, 교육환경, 교통환경, 자연환경은 아파트의 미래가치를 평가할 때 거시적 지표에 해당합니다. 개별 물건의 가치에 영향을 미치는 미시적인 요소도 있습니다.

브랜드

래미안, 디에이치, 힐스테이트, 푸르지오, e편한세상 등 소위 전국구 아파트 브랜드의 경우 같은 입지에 있는 다른 아파트에 비해 가격이 높게 형성됩니다. 서울, 경기도의 위례 신도시에 가면 대단지 아파트의 경우 여러 브랜드가 함께 개발한 경우가 있는데요. 입주민의 요구로 아파트 이름이 "자연앤레미안e편한세상'처럼 브랜드 명을 나열한 경우도 볼 수 있습니다.

이는 규격화된 아파트 구조 속에서 브랜드가 소비자들이 믿고 찾을 수 있는 기준이 된다는 뜻입니다.

커뮤니티

아파트 내부를 들여다보면 커뮤니티 시설이 어느 정도 갖춰져 있는지 꼭 확인해야 합니다. 최근 신축 아파트들은 헬스장, 키즈룸, 스터디카페, 북카페는 기본적으로 갖고 있습니다. 대단지의 경우 수영장, 캠핑장, 입주민 전용 식당 등 과거에는 상상할 수 없는 시설을 갖춘 경우도 볼 수 있는데요. 서울 대단지 아파트의 경우 커뮤니티 시설에 따라 아파트 가격이 차이를 보입니다.

그 밖에 세대별 주차대수와 주차 장소도 확인해야 합니다. 오래된 아파트의 경우 지하주차장과 엘리베이터가 바로 연결되지 않는 곳이 있습니다. 이는 감점 요수입니다.

조경도 살펴봐야 합니다. 정원수와 산책로, 벤치, 어린이 놀이터, 농구장, 배드민턴장 같은 소형 운동 시설 여부도 체크 하십시오.

스마트 홈 시설

최신 아파트의 경우 스마트 시설이 차별요소로 등장하고 있습니다. 자동 난방기, 보안, 환기 이런 것들이 일체형으로 조절이 가능한 스마트홈 시스템이 갖춰졌느냐가 아파트 가격에 영향을 미치는 요소가 됩니다. 신축 아파트가 경매 물건으로 나온다면 이 부분도 확인해 보시기 바랍니다.

아파트를 사서 망하는 대표적인 경우가 있습니다. 바로 앞뒤 따지지 않고 무조건 회사 근처이 있다고 사거나, 친정과 가깝다고 사면 투자에 실패할 확률이 높습니다. 회사 주변보다도 친정 근처보다도 미래가치가 우선해야 합니다. 아파트는 투자의 대상인 동시에 주거 공간이기도 합니다. 미래가치가 높다는 것은 그만큼 주거 공간으로서도 훌륭한 조건을 갖췄다는 뜻입니다. 살고 싶은 곳, 아이를 키우고 싶은 곳인지 꼼꼼이 따져 보기 바랍니다.

경매 Tip
복잡한 권리 관계와 유찰에 겁먹을 필요없다

고깃집을 하고 있는 A씨는 고생 끝에 가계가 맛집으로 소문이 나면서 손님들이 늘었다. 덕분에 전셋집에서 탈출할 수 있는 종잣돈을 모을 수 있었다. A씨는 경매로 시세보다 싸게 집을 구할 생각이다. 그렇다고 무조건 싼 곳으로 가고 싶지는 않다. 중학생이 된 아들을 위해 교육환경이 양호한 곳을 찾고 있다. 마침 서울 양천구 신정동에 있는 목동신시가지 9단지 아파트가 경매물건으로 나왔다.

2차(12억 7760만원) 매각기일을 앞두고있는 물건(서울남부지방법원 사건번호 2018-6096)으로 아파트단지 주변에는 학원들이 많아 마음에 들었다. 아파트 최초감정가는 15억 9,700만원 대비 20%인 3억 1,940만원이 떨어진 상태. 시세보다 싼 아파트 가격까지 마음에 쏙 들었다.

경매에 참여할 생각을 굳히고 등기부를 확인한다. 1순위 근저당권, 2순위~7순위 가압류, 8순위 경매개시결정(임의경매), 9순위~12순위 가압류, 13순위 입류 순이다. 얼핏 권리관계가 너무 많아 복잡해 보였다. 현황조사서에도 소유자 겸 채무자가 전입세대로 등재되어 있다. 다만 점유관계는 확실치 않았다.

살펴보면 볼수록 불안했다. 좋은 아파트가 왜 1차에서 유찰된 것인지 이해가 되지 않았기 때문이다. 등기부에 공시된 권리관계들이 전부 소멸되는 지도 불확실해 보였다. 어떻게 해야 할까?

경매가 유찰되는 이유를 이해하려면 낙찰가가 정해지는 구조를 알아야 합니다.

경매물건은 일반적으로 싸게 살 수 없거나, 매수인이 인수하는 권리가 있으면 유찰됩니다. 아파트 최초감정가격은 시세 대비 95~100% 수준에서 결정됩니다. A씨 사례의 아파트(전용면적 126.02㎡) 시세는 당시 15억 6,500만원~16억 8,500만원에 형성되어 있었습니다. 이를 감안하면 권리관계가 복잡한 것에 비해 최초감정가와 시세의 차이는 거의 없는 셈입니다. 권리관계가 복잡해서가 아니라 시세와 별 차이가 없으니 1차 경매는 유찰이 된 것입니다.

1차 매각기일에 유찰되면, 일반적으로 최초감정가 대비 20%가 저감됩니다. A씨의 사례를 보더라도 ①처럼 2차 최저감정가는 시

2018 타경 6096

서울특별시 양천구 신○○○○ 외 1필지, 목동신시○○

| 도로명주소 | 다음지도 | 네이버지도 | 도시계획지도 |

감정가 (18.07.20)　**1,597,000,000원**
① 최저입찰가 (80%)　**1,277,600,000원**
입찰보증금 (10%)　**127,760,000원**

| 토지이용계획 | 사진보기 | 건물등기 | 감정평가서 | 현황조사서 | 매각물건명세서 | 부동산표시목록 | 경매진행내역 | 예상배당 |

담당계:서울남부지방법원 본원 8계(02-2192-1338)

매각기일	경매개시결정일	배당요구종기일
2019-03-12 (10:00)	2018-07-16	2018-10-16
물건종류	전용면적	대지권
아파트	126.02㎡ (38평)	104.42㎡ (32평)
채무자 / 소유자	특수권리 / 물건	
유○○ / 유○○		

세보다 확실히 싼 편입니다. 만약 최저감정가 수준으로 낙찰받으면, 적어도 2억원 이상의 자본수익은 기대할만 합니다.

　이 건의 경우 권리관계가 복잡해 보이지만 권리분석은 걱정할 문제는 아닙니다. 등기부에 공시된 권리관계가 많다고 해서 무조건 매수인에게 위험하진 않습니다. 매수인이 인수하는 권리만 없으면 그만입니다. 권리분석에 있어 가장 중요한 것은 기준권리라는 것 이제 아시죠. 이 건의 경우 기준권리는 1순위 근저당권입니다. 기준권리 뒤에 공시된 12개의 권리는 경매로 모두 소멸됩니다. 채무자(소유자)가 아파트에 살고(점유)있다해도 명도에는 문제가 없습니다.

| 등기현황

접수일자	권리종류	권리자	채권금액	
2015-05-07	근저당권	농○○	840,000,000원	┤ 기준권리
2018-03-15	가압류	기○○	765,000,000원	
2018-03-16	가압류	중○○	655,000,000원	
2018-03-30	가압류	서○○	100,760,000원	
2018-04-05	가압류	중○○	584,787,067원	
2018-04-13	가압류	20○○	50,000,000원	
2018-05-11	가압류	중○○	9,228,072원	
2018-07-17	임의경매	농○○	711,916,171원	┤ 소멸
2018-08-29	가압류	신○○	104,467,188원	
2018-10-01	가압류	신○○	104,953,148원	
2018-10-02	가압류	서○○	770,142,193원	
2018-10-11	가압류	20○○	1,550,000,000원	
2018-10-29	압류	서○○		

②

수익형
부동산 투자

수익형 부동산에는 꼬마빌딩 외에도 오피스텔, 상가 등 그 종류가 다양합니다. 베이비부머 세대들이 본격적으로 은퇴를 하면서 노후 대책의 일환으로 매달 꼬박꼬박 월세수익을 기대할 수 있는 수익형 부동산에 대한 관심과 수요는 앞으로 더 높아질 것으로 예상됩니다. 특히 꼬마빌딩에 대한 관심이 높습니다. "잘 선택한 꼬마빌딩 한 채 가 아파트 열 채 부럽지 않다"는 우스갯소리가 있을 정도죠.

수익형 부동산을 경매로 낙찰 받거나 투자할 때는 향후 매매차익 (자본수익)을 기대하기보다는 임대를 통한 임대수익을 목적으로 하는 경우가 많습니다.

그러나 임대수익은 금리 상황에 따라 달라질 수 있습니다. 그러 므로 내가 목표로 하는 수익률을, 낙찰 받으려는 부동산을 통해 얻을 수 있는지 꼼꼼히 계산해야 합니다. 또한 해당 부동산을 보유하고 있을 때 발생하는 세금과 공실의 위험성 등 리스크도 감안해야 합니다.

부동산 좀 안다는 지인이 좋은 상가 있다고 소개한다고 해서 노후 자금을 무작정 집어넣었다가는 낭패를 볼 수 있습니다. 실제로 서울 마곡이나 위례의 아파트 가격은 계속 우상향하고 있지만, 해당 지역의 상가는 입지에 따라 공실률이 높은 곳도 많습니다. 공실이 6개월만 넘더라도 들어가는 제반 비용을 따지면 피해가 이만전만 아닙니다. 잘 따져 봐야 합니다.

수익성 좋은 꼬마빌딩을 찾는 법에 대해 알아보기 전에 한 가지 말씀드릴 것이 있습니다.

수익형 부동산을 투자하기 전에 반드시 내 집 마련부터 하셔야 합니다. 내 집도 없이 수익형 부동산에 투자하려는 이들이 있는데, 추천하지 않습니다. 내 집은 자산의 마지막 보루이자 삶의 안정판 역할을 합니다. 그러니 경매를 통해서든 매매를 해서든 부동산 투자의 첫 번째 시작은 내 집 마련이란 점 기억해주세요.

서두르면 안된다

2022년 8월말 현재 우리나라 기준금리는 2.5%입니다. 기준 시중 은행의 수신금리, 즉 은행에 돈을 맡겼을 때 기대할 수 있는 이자는 3% 수준입니다. 기준금리가 낮다보니 당연히 수신금리도 낮습니다. 이게 어떤 의미이냐 하면 막 은퇴를 하신 분이 퇴직금 1억 원을 1년 정기예금으로 예치한다면 1년에 300만원밖에 받지 못한다는 뜻입니다.

이 돈을 가지고는 도저히 은퇴 이후 생활이 불가능합니다. 그렇다고 소규모 창업을 하자니 동네 골목마다 넘쳐나는 것이 피자집, 치킨집인데 엄두가 나지 않습니다. 그래서 많은 사람들이 특히 은퇴를 목전에 둔 베이비부머 세대들이 수익형 부동산에 관심을 가지게 됩니다.

저 또한 강의를 가보면 부쩍 꼬마빌딩이나 상가 투자를 문의하시는 베이비부머 세대 분들이 많습니다. 이런 분들을 만날 때마다 서두르지 말라고 말씀드립니다. 서두르다보면 부동산을 보는 눈이 흐려지고 이는 곧 투자 실패로 이어집니다. 평생을 피땀 흘려 번 돈을 조급만 마음에 잘못 투자하면 안 되겠죠. 그래서 투자법만큼 중요한 것이 투자 마인드입니다. 부동산 재벌들은 수익형 부동산을 어떤 관점에서 접근할까요?

통계를 살펴보면 우리나라 부자 10명 중에서 4명은 부모한테 물려받은 사람입니다. 나머지 6명 중 4명은 자수성가한 사람들인데 주로 개인 사업을 하거나 의사, 변호사 같은 전문직 종사자들입니다. "나는 부모한테 물려받을 돈도 없고, 그저 그런 회사를 다니는 월급쟁이인데 그러면 나는 영원히 부자가 될 수 없는 건가?" 아닙니다. 10명 중 2명은 급여생활자이면서 부자가 된 경우입니다.

대한민국에서 월급쟁이로 부자가 된 이들의 특징은 무엇일까요. 부동산 투자를 통해 부를 일궜습니다. 월급쟁이서 부동산 투자로 부를 이룬 이들을 인터뷰해보면 공통점이 있습니다.

첫째, 꿈의 크기가 남다릅니다. 비록 내가 지금은 종자돈을 겨우 모으는 수준이지만 이들은 틈틈이 부동산 공부를 했다고 합니다. 막연히 공부한 것이 아니라 아파트, 오피스텔, 토지, 꼬마빌딩 등 명확한 목표를 세우고 오랜 세월 준비를 했다고 합니다. "난 10년 후에 반드시 꼬마빌딩을 살거야"하고 말이죠. "기회의 신은 뒷머리가 없다"란 말이 있습니다. 큰 꿈을 가지고 구체적으로 준비한 사람만이 적확한 매물이 나왔을 때 잡을 수 있습니다.

두 번째, 질문이 다릅니다. 부자들은 부동산 투자를 할 때 언제나 무엇(What)을 중심에 둡니다. 반면 부자가 되지 못하는 분들은 언제(When)를 묻습니다.

"부동산 언제 사야 돼요?" 언제나 이것만 물어봅니다. 반면 부자가 되는 사람들은 "어떤 것을 사야 해요?" 이렇게 단도직입적으로 물어봐요. 별 것 아닌 차이 같지만, 부자가 되는 사람들은 정확한 꿈을 갖고 그 꿈 아래에 목표 의식을 가지고 자산관리를 하기 때문에 항상 눈이 구체적인 물건에 가 있습니다. 시류에 흔들리지 않는 다는 것이죠.

셋째, 부를 경멸하지 않습니다. 철학자 로저 베이컨은 "부를 경멸하는 태도를 보이는 사람은 신용할 수 없다."고 했습니다. 부를 얻는 것에 절망한 사람이나 부를 경멸한다는 것이죠. 부자들은 사촌이 땅을 사도 배 아파하지 않습니다. 오히려 내 주변에 부자가 많아지면 좋아합니다. 부자들 사이에 있으면 더 많은 재테크 정보, 투자 정보를 알 수 있으니까요. 내가 도움 받을 확률은 더 높아 집니다. 부자가 되고 싶다면 부를 경멸하지 않아야 합니다.

넷째, 실패를 새로운 기회로 삼습니다. 부자라고 모든 투자에 성공할까요? 그렇지 않습니다. 주식 투자의 대가로 불리는 피터 린치는 자신이 투자한 종목 중 7할 정도가 손해를 보았다고 합니다. 그러나 나머지 3할 투자에서 소위 대박이 나면서 전설적인 투자가가 된 것이죠. 하물며 월가의 전설이 이럴진대 매번 성공만하는 부자가 얼마나 되겠습니까. 투자가 실패를 했을 때, 이를 어떻게 처리하는지를 보면 부자가 될 사람과 그렇지 못한 사람을 구변할 수 있습니다.

강남에서 자수성가한 부자로 통하시는 분이 계십니다. 이 분이 1970년대 후반 경기도 포천에 임야를 150만 평을 15억원을 주고 샀습니다. 한 평당 1천 원 주고 산거죠. 그런데 30년이 지나도 가격이 오르지 않습니다. 1970년대 15억이라면 얼마나 큰돈입니까. 그런데 15억 주고 산 땅이 30년 동안 1원도 오르지 않았다니 속이 타들어갑니다. 2006년 저를 찾아와서 이 땅의 미래가치를 물어왔습니다. 임야의 위치부터 확인해보았습니다. 포천 백운산 계곡 근처의 산골 땅이었습니다. 입지가 좋을 리가 없죠. 현장을 가보니 상황은 더 안 좋았습니다. 이 땅은 군부대에 둘러싸여 있어서 땅 주인도 자기 땅에 들어가려면 군의 허가를 받아야 했습니다. 땅값이 오를 리가 없죠. 그래서 당장 파셔야 한다고 의견을 냈습니다.

2006년 당시, 시세를 알아보니 1천원에서 오히려 100원이 깎인 평당 900원에 거래가 되더군요. 환장할 노릇이죠. 다행히 장뇌삼 영농조합이 이 땅을 평당 2,850원에 사겠다고 나섰습니다. 군인들이 지켜주는 땅이니 장뇌삼 영농조합 입장에서는 오히려 미래가치가 있는 땅인 셈이었죠.

30년 정도 가지고 있었던 땅 그것도 15억이란 높은 돈을 주고 산 땅이라면 누구라도 손해를 보며 팔기가 싫지 않습니다. 하지만 이 분은 가치가 없다는 말에 과감하게 땅을 처분했습니다. 주식으로 치면 손절을 한 것이죠. 이 분은 땅을 판 돈을 어떻게 했을까요? 이쯤 되면 부동산은 쳐다보고 싶지도 않겠지만 역시 부자는 달랐습니다. 지금은 상권이 흔들려 있는 곳이지만 신사동 가로수길에 4층짜리 상가 건물을 25억에 매입합니다. 현재 그 건물 가격은 85억 이상에 거래되고 있습니다. 매월 임대 수익도 잘 나오고 있습니다.

실패에 집착하지 않아야 합니다. 실패를 자양분 삼아 더 나은 투자 기회를 엿봐야 합니다.

다섯째, 빚을 두려워하지 않습니다. 빚은 없을수록 좋겠죠. 하지만 득이 되는 빚과 실이 되는 빚은 구분해야 합니다. 가방을 사거나,

여행을 다니는 것은 소비성 지출입니다. 반면 내 집 마련을 하거나, 꼬마빌딩, 상가에 투자하는 것은 저축성 지출입니다. 저축성 지출 즉 부동산을 살 때 빚을 내는 것을 두려워해서는 안 됩니다. 특히 수익형 부동산은 대출을 어떻게 이용하느냐에 따라서 살 수 있냐 없냐가 결정됩니다. 실제로 수익형 부동산, 특히 꼬마빌딩의 등기부등본을 살펴보면 열의 일곱에서 여덟은 대출이 끼어 있습니다.

여섯 번째, 시류에 흔들리지 않고 미래가치를 따집니다. 부동산 재벌들이 선호하는 수익형 부동산의 조건이 있습니다. 바로 헌 집입니다. 부자들은 헌 집을 저렴한 가격에 사서 신축하거나 리모델링 또는 증개축을 통해 자산의 가치를 높입니다.

꼬마빌딩을 살 때 흔히 가장 중요한 조건이 임대수익률이라고 합니다. 임대수익율이 6%를 넘어가면 좋은 물건이라고 단정합니다. 그러나 절대 임대 수익률만 봐서는 안 됩니다.

예를 들어 보죠. 한때 인기를 모았던 원룸형 다가구 주택을 살펴봅시다. 20개의 원룸을 가진 다가구 주택이라면 20억을 투자해 구입하고 방 하나당 월세 50만원을 받으면 연수익률 6%를 얻게 됩니다. 은행에 20억을 맡겨두는 것보다 훨씬 이득이죠. 그런데도 부자들은 이런 매물에 관심을 두지 않습니다. 왜일까요? 20개 원룸이 항상 임대가 되는 건물은 현실에서 잘 없습니다. 그래서 공실률을 따져야 하며 각 방의 수리비도 감안해야 합니다.

무엇보다 이런 건물을 구입하게 되면 삶에 질이 떨어집니다. 내 핸

드폰에 임차인들 이름이 전화번호가 20개가 저장되는 순간, 삶이 어떻게 변할까요? 편안한 노후를 위해 마련한 꼬마빌딩이 직장이 됩니다. 임대료 문제로 매번 전화를 받게 되고, 이사하고 나갈 때마다 세입자들과 만나야 합니다. 유지보수에 대한 민원은 덤입니다. 이렇게 되면 마음 편하게 여행 한번 못 가게 됩니다. 우스갯소리로 다가구 주택, 원룸 주택을 사는 순간 혈압약을 같이 먹어야 한다고 합니다. 그래서 표면적인 수익률에 공실률, 수리비에다 약값까지 넣어서 수익을 따져야 합니다(농담이 아닙니다).

이는 오피스텔, 구분상가처럼 은퇴자들을 유혹하는 수익형 부동산에도 똑같이 적용되는 원리입니다. 수익형 부동산에 투자할 때는 절대 표면적인 수익률만 봐서는 안 됩니다. 투자 이후 사후 관리의 문제, 5년 후 해당 물건의 가치가 어떻게 변할지 면밀히 따져야 합니다.

마지막으로 배우자와 함께 자산을 관리합니다. 배우자와 자산현황을 투명하게 공유하고, 투자를 결정할 때는 한마음으로 움직여야 합니다. 자산관리에 있어서 배우자와 트러블이 생기면 자산관리를 절대 할 수 없습니다. 특히 꼬마빌딩 투자의 경우는 남편보다 아내의 안목을 믿으셔야 합니다. 실제로 부동산 투자는 남성들보다는 여성분들이 잘합니다.

그런데 왜 여성분들이 잘할까요? 부동산 가격은 서울이 올랐다고 해서 지방도 오르는 게 아닙니다. 강북이 올랐다고 해서 강남이 오르는 것도 아니죠. 아파트 가격이 올랐다고 해서 상가, 꼬마빌딩이 함께 오르지 않습니다. 입지, 물건에 따라 다 다릅니다. 즉, 개별성과 부동성이라는 부동산의 특성 때문입니다. 따라서 해당 지역의 경제적 특성에 맞게 부동산 가격은 다르게 움직입니다.

그렇다면 지역 사정에 가장 밝은 사람들이 부동산 투자에 유리하겠죠. 전업주부의 경우 자신이 사는 지역의 상권, 유동인구 등에 대해 남편에 비해 더 잘 알 수밖에 없습니다. 이처럼 부자 되려면 배우자와 함께 자산을 관리하며, 특히 아내의 말에 귀 기울여야 합니다.

지금까지 부동산 투자를 통해 부를 일굴 부자들의 마인드에 대해 알아보았습니다. 이제 구체적인 수익형 부동산 투자 노하우를 설명하겠습니다.

유동인구의 함정에 빠지지 마라

우선 아파트 투자와 수익형 부동산 투자의 장점과 단점을 비교해봅시다. 아파트 투자는 공실 리스크가 거의 없습니다. 대신 규제가 많습니다. 쏟아지는 부동산 대책의 상당수는 아파트를 목표로 하고 있지요. 반면 수익형 부동산 투자는 공실 리스크는 큽니다. 특히 코로나 펜데믹 이후 공실 리스크는 더 커졌고, 비대면 문화가 일상이 되면서 오프라인 상가, 사무실에 대한 수요도 예전만 못합니다. 반면 규제가 상대적으로 적습니다.

공실 리스크 때문에 수익형 부동산 투자를 피해야 할까요? 앞에서 잠깐 언급했듯이 부동산 가격의 오름과 내림은 지역마다 차이가 납니다. 마찬가지로 공실률 또한 지역마다, 물건의 상황마다 다릅니다. 달리 말해 적절한 매물을 고르는 기준만 안다면 수익형 부동산 투자로 큰 수익을 올릴 수 있습니다.

공실률이 낮은 물건을 찾아야 한다고 하면 흔히 유동인구가 많은 곳을 이야기 합니다. 유동인구가 많은 곳은 어디일까요? 역세권입니다. 그렇다면 역세권 꼬마빌딩이나 상가에 투자를 하면 성공할까요? 아닙니다.

유동인구의 함정에 빠지지 마십시오. 투자 기준은 유동인구가 아니라 소비인구입니다. 소비인구는 해당 지역의 소비수준을 뜻합니다. 예를 들어 볼까요. 평일 오후 서울 청담동에 가보신 분들은 알겠지만 청담동 거리는 평일에 한산합니다. 웬만한 역 주변에 비해 유동인구가 정말 적습니다. 그런데 자세히 살펴보면 오래된 가게들이 많습니다. 김밥집들도 프렌차이즈보다는 노포들이 눈에 띕니다. 해당 지역 주민들의 소비수준이 높다보니 음식점이나 가게들도 다른 지역에 비해 자리를 잡으면 잘 바뀌지 않습니다. 즉 공실률이 높지 않습니다.

철원에 가면 군인들이 많습니다. 의외로 유동인구 많아요. 그런데 거기에 상가가 잘 될까요? 군인들은 그냥 지나가는 유동인구들 뿐입니다. 소비인구로 전환되지 않습니다. 오죽하면 군부대 지역 자영업자들이 군인들이 외박을 나올 때 다른 지역으로 이동하는 것을 막

아달라는 민원을 제기하겠습니까!

유동인구가 소비인구로 바뀌지 않는 역세권도 마찬가지입니다. 이런 곳에는 투자 기간을 100년으로 잡아도 자본 수익은 생기지 않습니다. 같은 이치로 상가 투자에 관심이 있다면 해당 상가가 있는 건물을 볼 것이 아니라 상가 건물이 위치한 지역의 상권을 읽어야 합니다. 상가 자체만 보고 투자해서는 절대 안 됩니다.

예를 들어 전통적인 대학가 상권인 이대 앞 상권과 대단지 아파트 상권인 잠실 아파트 상권, 직장인이 많은 테헤란로에 위치한 오피스텔 상권, 전통적인 역세권 상권인 사당역 상권을 비교해 보겠습니다.

4개 상권 중 사당역 상권은 살아남을 수 있지만 나머지 상권은 투자하기가 부담스러운 지역들입니다. 왜냐고요? 사당역 상권은 수도권에서 서울로, 서울에서 수도권으로, 버스에서 지하철로, 지하철에서 버스로 대중교통을 갈아타는 곳입니다. 당연히 약속을 할 때 헤어지기 편한 이곳에서 만나고 해당 지역에서 소비를 하게 됩니다. 이게 바로 소비상권입니다.

반면 대학 상권은 전망이 어둡습니다. 요즘 대학교 건물 내에는 웬만한 모든 커뮤니티 시설이 다 들어가 있습니다. 카페는 물론이고 식당, 문구점, 서점, 안경과 옷을 파는 상점에다 헬스장, 심지어 극장을 갖춘 대학도 있습니다. 때문에 학교 주변의 상권이 흔들리고 있습니다. 특히 대학마다 신입생 유치를 위해 기숙사를 확충하는 추세이므로 대학 앞 원룸 등에 투자하는 것은 미래가치로 보았을 때 리스크가 큽니다.

아파트 상권은 어떨까요? 대단지 아파트 주변에는 복합시설을 갖춘 대형할인마트가 들어가 있는 곳이 많습니다. 예로 든 잠실의 경우 홈플러스, 롯데마트, 롯데백화점 등 대형 할인매장과 백화점이 여러 곳 위치해 있습니다. 따라서 아파트 상가의 투자 매력은 상당히 떨어집니다. 굳이 아파트 상가에 투자하려면 주변에 대형마트나 백화점, 쇼핑몰이 없는 곳을 찾아야 합니다.

마지막으로 테헤란로로 대표는 오피스 상권은 토요일과 일요일에 소비인구 자체가 사라집니다. 거기다 최근에는 야근을 지양하는 추세이죠. 코로나 펜데믹 이전에는 주4일 근무에 대한 논의가 있었습니다. 일주일에 이틀은 매출이 줄고 저녁 매출마저 준다면, 장기적으로 주4일이 도입된다면 비싼 임대료 내고 영업할 수 있는 임차인들이 있을까요?

대표적인 예로 두 곳을 소개합니다.

먼저 서울의 대치동 상권입니다. 이곳은 대표적인 학원 상권입니다. 학원에 강의를 들으러 오는 학생들은 직장인이나 대학생에 비해 소비를 많이 합니다. 그것도 24시간 365일합니다. 학생들을 상대로 하는 학원 상권은 앞으로도 흔들리지 않습니다.

다음으로 여러 상권이 복합된 서울 강남역 상권입니다. 강남역은 대표적인 오피스 상권이지만, 사당역처럼 많은 유동 인구가 환승을 하는 역세권 상권이며 동시에 어학원이 모여 있는 학생 상권이기도 합니다. 이런 복합상권은 강남역에만 있지 않습니다.

자, 서울지역만 소개했다고 서울만 사람사는 곳이냐 항의하실 분도 계실 겁니다. 여기서 힌트를 얻으셔야 합니다. 잘 찾아보면 어느 도시, 어느 구에도 대치동, 강남역 같은 특성을 띤 곳이 꼭 있습니다. 이런 곳의 매물을 찾아야 합니다.

시대가 변화면서 앞으로 흔들리는 상권은 더 늘어날 것입니다. 따라서 수익형 부동산의 첫 번째 기준은 흔들리지 않는 상권, 즉 흔들리지 않는 입지를 것입니다. 매물의 상태는 그 다음 문제입니다.

③
토지 투자

　부동산 경매에서 토지 경매는 블루오션에 속합니다. 다들 부동산 경매라고 하면 아파트나 오피스텔에 관심을 가지는데 비해 땅 경매는 어려워합니다. 잘못 낙찰 받았다가는 수익은 고사하고 몇 십 년 동안 돈이 묶을 수 있다는 두려움이 있습니다. 부동산 경매는 아니지만 기획 부동산에 속아서 땅을 잘못 샀다가 낭패를 보는 경우를 적지 않게 목격합니다. 그러나 토지는 잘 만하면 어떤 부동산 경매보다 수익을 내기 좋습니다.

　그런데 경매로 땅을 낙찰받든, 매매로 사든 중요한 것은 '목적'이 분명해야 된다는 것입니다. 땅은 목적 없이 그냥 싸다고 사 놓으면 백 년, 이백 년 가도 오르지 않을 수 있습니다. 그래서 목적이 불분명하면 투자하지 마시라고 조언합니다.

왜냐고요? 땅은 현금화하기가 굉장히 어렵기 때문입니다.

반면 땅의 아주 매력적인 장점을 갖고 있습니다. 바로 자본수익의 극대화를 노릴 수 있습니다. 땅은 지역개발 이슈 등으로 10배, 20배 많게는 100배의 자본수익을 올릴 수 있습니다. 이게 가장 큰 매력입니다.

특히 경매로 땅에 투자하는 경우에는 지분경매 등을 통해 아주 소액을 가지고서도 땅을 살 수 있습니다. 그런데 소액이라고 해서 아무 땅이나 사도 될까요? 다시 강조하지만, 부동산 경매를 할 때는 목적이 분명해야 합니다. 거액이든 소액이든 투자 금액보다는 내가 왜 땅에 투자해야 하는지 '목적'을 분명히 세우고서 땅을 봐야 합니다.

토지 투자는 3가지 목적이 분명해야 한다

토지 경매는 다음 3가지 목적 중 한 가지는 분명히 하고 접근해야 합니다.

첫째, 자녀에게 증여 또는 상속한다.
둘째, 전원주택, 주말농장 등 실제로 사용한다.
셋째, 개발 또는 보유해서 자본수익과 임대수익을 노린다.

토지는 그 자체로는 이동이 불가능하고(부동성) 늘어나지도 않습니다(부증성). 그래서 모든 토지는 나름의 '개성'을 갖추고 있습니다. 따라서 토지에 투자를 할 때는 무엇보다 입지가 중요합니다. 풍광 좋아 펜션용으로 땅을 샀는데 사방을 군부대가 감싸고 있다면 좋은 투자일까요? 진입로 하나 없는 맹지를 속아서 덜컥 샀는데 어느 날 주변에 공단이 들어와 대박이 나는 경우 있습니다(물론 아주 예외적인 경우입니다).

즉 토지 경매는 내가 왜 땅을 사려고 하는지 목적을 분명히 세우고, 거기에 맞게 물건분석, 입지분석, 현장탐방을 해야 합니다.

부동산 재벌들 중에 땅에 투자하는 목적으로 '자녀에게 증여, 상속하는 것'을 꼽는 이들이 있습니다. 이런 경우 지금 당장의 개발보다는 향후 10년, 20년 그 멀게는 40~50년 이후에 이 지역이 어떻게 변화할지를 재대로 분석하고 경매로 저렴한 땅을 사야 합니다.

증여, 상속이 아니라 전원주택, 주말농장 또는 농사를 짓기 위해서 실수요 목적으로 땅을 알아본다면 분석의 기준 자체가 달라져야겠죠. 예를 들어 펜션을 짓기 위해 땅을 알아본다면 개발 이슈보다는 조용하고 풍광이 멋진 곳이 1순위입니다.

만약 개발을 목적으로 땅을 알아본다면 자본수익을 극대화할 수 있는 땅인지, 건물을 짓기 위한 공법이나 법적 규제 등은 어떤지 알아봐야 합니다. 무엇보다 입지가 중요합니다. 개발할 수 있는 토지라고 해서 시골 마을에 5층 상가 건물을 짓는다면, 그게 돈이 될까요?

경매로 나온 땅 주변에 공단 개발, 신도시 건설 등 개발 이슈가 있는지 꼼꼼히 살펴보고, 인구가 유입되는 곳인지 유출되는 곳인지도 따져야 합니다.

이렇게 목적에 맞는 지역을 찾아낸 뒤 경매로 싸게 토지를 구할 수 있다면 금상첨화입니다. 2차, 3차 유찰된 땅을 낙찰받는 다면 제대로 된 투자라고 할 수 있습니다.

경매의 처음과 끝은 바로 미래가치라고 했습니다. 미래가치의 핵심은 자본수익 + 임대수익입니다. 그렇다면 땅의 미래가치는 어떻게 분석할 수 있을까요? 여기에도 순서가 있습니다.

땅의 미래가치를 파악하는 법

경매물건 확인

일반적으로 투자자가 토지를 구매하는 흐름을 따라가 봅시다. 우선 경매로 나온 물건 중 마음에 드는 땅을 발견합니다. "이거 괜찮네"하고요. 그럼 다음에는 무엇을 하나요? 먼저 카카오나 네이버에서 제공하는 지도를 통해 현장을 확인합니다. 현장탐방을 가지 않더라도 주변의 산과 강, 고속도로, 지방도로의 현황을 단번에 확인할 수 있습니다. 여기도서 괜찮은 땅이라는 생각이 들면 이제 현장을 직접 가봐야 합니다.

주변에 산이 있는지 강이 있는지, 고속도로가 있는지, 지방도로가 있는지 이렇게 우리가 볼 수 있잖아요. 그래서 위성으로도 한 번

확인을 하고 이런 것들을 조금 주밀하게 살펴 봤더니 이것 한 번 현장을 가 봐야겠다 이런 거죠. 그래서 공적장부에 대해서 이것은 어느 정도 미래가치가 있다고 판단되면 그때 현장탐방을 준비합니다.

공적장부 확인

현장탐방이라고 하면 경매를 공부하신 분들도 헷갈려 하십니다. 제가 쓰는 용어이기 때문인데요. 흔히 '임장'이란 용어를 많이 씁니다. 임장은 엄밀히 말해 몰래 간다는 뜻입니다. 그래서 저는 현장탐방이라고 달리 말합니다. 탐방은 주변을 떳떳하게 본다는 거예요.

그런데 토지의 현장탐방을 처음 가신 분들은 뭐부터 봐야할지 막막해 합니다. 그래서 처음 가시는 분들은 저에게 이렇게 묻는 분들이 많습니다. "토지가 위치한 지역만 가보면 되나요?" "서울에서 몇 시간 걸리나 이것만 확인해보고 오면 되나요?" "주변을 가 봤더니 주변 경관이 너무 좋은데 이것도 좋은 거죠?"

이래서는 안 됩니다. 현장탐방을 위해서는 먼저 다음 요인을 먼저 확인해야 합니다.

입지 요인 : 교통. 개발 가능성, 혐오시설.
물건 요인 : 용도지역, 지목, 면적과 방향, 모양, 용도지역, 진입로 여부 그리고 무엇보다 주변 시세.

일부 요인은 온라인 지도를 통해 확인할 수 있습니다. 그러나 보다 확실한 정보는 공적장부에 나옵니다. 공적장부는 토지이용계획 확인서, 토지대장, 지적도, 등기부를 말합니다. 4가지 중에서 토지 이용계획확인서, 토지대장, 지적도를 통해 숨어 있는 미래가치를 찾아낼 수 있습니다.

토지의 숨은 가치를 찾아내기 위해서는 공적장부에서 기초 자료를 확인하고, 이를 현장탐방을 통해 '확인'해야 합니다. 예를 들어서 '지적도'에는 분명히 길이 있었는데 현장에 갔더니 길이 없을 수 있습니다. 반대로 '지적도'에는 길이 없는데 현장에 갔더니 길이 있을 수도 있습니다.

4가지 공적장부 중에서 등기부에서는 2강에서 살펴본 권리분석에 필요한 권리관계를 확인합니다. 권리분석을 앞에서 설명했으니 여기서는 생략하겠습니다.

그럼, 공적장부를 통해 미래가치를 확인하는 방법을 하나씩 알아봅니다.

토지이용계획확인서

먼저 토지이용계획확인서입니다. 미래가치 확인하는 제일 중요한 정보가 토지이용계획확인서에 담겨 있습니다. 토지이용계획확인서는 '토지이음'에서 무료로 열람할 수 있습니다.

토지이용계획확인서에는 '용도지역'을 공시되어 있습니다. 놀랍게도 우리나라 모든 땅은 이미 오를 땅과 오르지 않을 땅이 정해져 있습니다!

용도지역 별 건폐율 기준

구분	용도지역	건폐율 기준
도시지역	주거지역	제1종 전용주거지역 : 50퍼센트 이하 제2종 전용주거지역 : 50퍼센트 이하 제1종 일반주거지역 : 60퍼센트 이하 제2종 일반주거지역 : 60퍼센트 이하 제3종 일반주거지역 : 50퍼센트 이하 준주거지역 : 70퍼센트 이하
	도시지역상업지역	중심상업지역 : 90퍼센트 이하 일반상업지역 : 80퍼센트 이하 근린상업지역 : 70퍼센트 이하
	도시지역공업지역	일반공업지역 : 70퍼센트 이하 준공업지역 : 70퍼센트 이하
	도시지역녹지지역	보전녹지지역 : 20퍼센트 이하 생산녹지지역 : 20퍼센트 이하 자연녹지지역: 20퍼센트 이하
관리지역		보전관리지역 : 20퍼센트 이하 생산관리지역 : 20퍼센트 이하 계획관리지역 : 40퍼센트 이하
농림지역		20퍼센트 이하
자연환경보전지역		20퍼센트 이하

이게 무슨 소리냐고요? 우리나라 땅은 '도시지역', '관리지역', '농림지역', '자연환경보전지역' 4가지로 구분되어 집니다. 이 지역들 중에서 내가 마음에 들어 현장탐방을 가볼까하는 땅이 '자연환경보

전지역'입니다. 가격도 좋습니다. 이미 서너 차례 유찰돼서 1억짜리가 천만원합니다. 그런데 이 땅을 1,000만원에 사면 미래가치가 있을까요? 없습니다. 자연환경보전지역은 후세대를 위해 자연그대로 보전하는 땅입니다. 당연히 미래가치도 없겠죠. 이런 땅에는 건물을 개증축하는 것조차 극도로 제한됩니다.

용도지역은 조금 더 세밀하게 나누어집니다. 예를 들어서 도시지역은 주거지역, 상업지역, 공업지역, 녹지지역으로 나누어져요. 여기서 주거지역은 전용주거지역(1종, 2종), 일반주거지역(1종, 2종, 3종), 준주거지역으로 나누어집니다. 이런 식으로 도시지역 중에서 주거지역만 6가지로 용도로 구분됩니다. 각 지역마다 건물을 지을 때 적용받는 건폐율과 용적율이 다릅니다.

도시지역 안에는 주거지역 외에도 상업지역, 공업지역, 녹지지역 이렇게 나누어져요.

다음으로 확인할 것이 토지이용계획확인서에 나오는 '관리지역'입니다. 관리지역은 세가지로 구분됩니다. '계획관리', '생산관리', '보전관리'. 관리지역은 쉽게 말해 새로운 도시를 만들 때를 대비해서 도시지역에 준해서 관리되는 지역을 말합니다.

이들 관리지역 중 '계획관리지역'은 도시계획을 세울 때 가장 먼저 개발되는 지역이라고 보시면 됩니다. 당연히 미래가치가 높겠지요. 현장탐방을 갔을 때 같은 시골 지역으로 보이더라도 토지이용계획확인서 상에서 계획관리지역으로 구분되어 있는 지역이 있다면 시골 땅이라고 하더라도 '개발이 될 경우' 제일 먼저 가격이 오를 땅이라고 이해하시면 됩니다.

　이렇게 나누어지는 지역을 다 따지면 총 21가지로 나눌 수 있습니다. 모든 경우를 다 따지려면 정말 머리가 아픕니다. 그러나 걱정 마세요. 모두 알 필요는 없습니다. 미래가치가 좋은 용도지역을 파악하면 됩니다.

　용도지구는 토지의 이용 및 건축물의 용도, 건폐율, 용적률, 높이 등에 해한 용도지역의 규제를 강화하거나 완화하여 적용하는 지역을 말합니다. 용도지구에는 경관지구, 미관지구, 보호지구, 방재지구, 방화지구, 고도지구, 복합용도지구 등이 있습니다. 예를 들어 경관지구는 경관의 보전 및 관리를 위하여 필요한 지구를 말합니다. 또한 보호지구는 문화재나 중요시설물 또는 문화적, 생태적으로 보존가치가 큰 지역의 보호와 보존을 위하여 필요한 지역입니다. 즉, 도룡용 서식지 등은 개발이 아닌, 생태적으로 보호하는 곳입니다. 두 지구 모두 토지를 규제한다는 뜻입니다. 반면 복합용도지구는 토지이용 상황 개발 및 주변 여건 등을 고려하여 효율적, 복합적 토지이용을 위해 특정시설의 입지를 완화할 필요가 있는 지역을 말합니다. 토지의 규제가 완화되는 지역을 뜻입니다.

　용도구역은 시가지의 무질서한 확산방지를 위해 계획적, 단계적 토지이용을 도모하고, 토지이용의 종합적인 조정 및 관리 등을 위해 건축물의 용도, 건폐율, 용적률, 높이 등에 대한 용도지역 및 용도지구의 제한을 강화 또는 완화하기 위한 지역입니다. 말 그대로 해당 땅의 제한사항을 정의내린 것입니다. 예를 들어 문화재보호구역은 해당 토지에 국가에서 관리하고 보전해야 하는 문화제가 나온 땅입니다. 이런 곳을 건물을 지어야 한다면 어떻게 해야 할까요? 우스개소리입니다만 문화재 보호를 위해 땅을 붓으로 파야 합니다. 군사시설보호구역 안에서는 해당 군 부대의 허가를 맡아야만 건물을 지을 수 있도록 되어 있습니다. 이렇듯 용도구역을 통해 우리는 해당하는 토지의 제한사항을 파악할 수 있습니다.

그런데 제 강의를 들으신 분 중에 이렇게 말씀하시는 경우가 더러 계십니다. "토지이용계획 확인서를 떼 봤는데 아무것도 안 나와요. 이런 것을 뭐하러 떼어보라고 하십니까?" 토지이용계획확인서는 우리가 1년에 한번 하는 건강검진과 같습니다. 가장 좋은 건강검진 결과는 무엇일까요? 아무 것도 안 나오는 거겠죠. 이상없음이라고요. 토지이용계획 확인서도 마찬가지입니다. 가장 좋은 토지이용계획확인서는 용도지역만 표시되어 있는 겁니다. 나머지 용도구역이나, 용도지구는 안 나올수록 좋은 땅입니다. 그만큼 해당 토지에 대한 규제. 제한 사항이 없다는 뜻이기 때문입니다.

토지대장

용도지역과 용도지구, 용도구역을 확인했다면 다음으론 토지대장을 봅니다. 토지대장에는 여러분들 꼭 확인해야 할 요소인 지목과 면적, 개별공시지가를 확인할 수 있습니다. 먼저 지목입니다. 지목이란 땅의 종류를 말합니다. 우리나라 법률은 땅을 대, 전, 답, 임야, 과수원, 잡종지 등 총 28가지로 분류해두었습니다.

투자 가치가 높은 지목 vs 투자 가치가 낮은 지목

투자 가치가 높은 지목

전 : 물을 상시적으로 이용하지 않고 곡물 · 원예작물(과수류는 제외한다) · 약초 · 뽕나무 · 닥나무 · 묘목 · 관상수 등의 식물을 주로 재배하는 토지와 식용(食用)으로 죽순을 재배하는 토지입니다.

답 : 물을 상시적으로 직접 이용하여 벼 · 연(蓮) · 미나리 · 왕골 등의 식물을 주로 재배하는 토지입니다.

과수원 : 사과 · 배 · 밤 · 호두 · 귤나무 등 과수류를 집단적으로 재배하는 토지와 이에 접속된 저장고 등 부속시설물의 부지입니다.

임야 : 산림 및 원야(原野)를 이루고 있는 수림지(樹林地) · 죽림지 · 암석지 · 자갈땅 · 모래땅 · 습지 · 황무지 등의 토지입니다.

잡종지 : 다음 각 목의 토지입니다. 다만, 원상회복을 조건으로 돌을 캐내는 곳 또는 흙을 파내는 곳으로 허가된 토지는 제외합니다.

투자 가치가 낮은 지목

광천지 : 지하에서 온수 · 약수 · 석유류 등이 용출되는 용출구(湧出口)와 그 유지(維持)에 사용되는 부지입니다. 다만, 온수 · 약수 · 석유류 등을 일정한 장소로 운송하는 송수관 · 송유관 및 저장시설의 부지는 제외합니다.

제방 : 조수 · 자연유수(自然流水) · 모래 · 바람 등을 막기 위하여 설치된 방조제 · 방수제 · 방사제 · 방파제 등의 부지입니다.

하천 : 자연의 유수(流水)가 있거나 있을 것으로 예상되는 토지입니다.

구거 : 용수(用水) 또는 배수(排水)를 위하여 일정한 형태를 갖춘 인공적인 수로 · 둑 및 그 부속시설물의 부지와 자연의 유수(流水)가 있거나 있을 것으로 예상되는 소규모 수로부지입니다.

유지(溜池) : 물이 고이거나 상시적으로 물을 저장하고 있는 댐 · 저수지 · 소류지(沼溜地) · 호수 · 연못 등의 토지와 연 · 왕골 등이 자생하는 배수가 잘 되지 아니하는 토지입니다.

묘지 : 사람의 시체나 유골이 매장된 토지

일반적으로 투자에 용의한 토지 순서로는 전〉답〉임야〉과수원〉잡종지 순입니다. 이런 지목으로 불륜된 땅은 매수해도 됩니다. 그러나 사지 말아야 할 땅들이 있습니다. 구거, 하천, 광천지 등 '물이 흐르는 땅(유지)'은 피해야 합니다. 또 바람이나 물을 막아주는 제방도 투자에는 적합한 곳이 아니겠죠. 눈으로는 확인할 수 없는 지목이 토지대장에 명기되어 있으니 꼭 확인해야 합니다.

다음은 땅의 '면적'입니다. 마음에 드는 땅의 '등기부'를 확인하니 등기부 상에는 100평으로 표시되어 있습니다. 그런데 토지대장에는 90평으로 표시가 돼 있어요. 그러면 이 땅의 면적은 얼마일까요? 90

평입니다. 땅의 면적은 토지대장을 기준으로 결정됩니다. 그런데 간혹 등기부와 토지대장이 불일치하는 경우가 있습니다. 낙찰받은 후 이를 정정을 할 수 있지만 일단은 토지의 면적은 토지대장을 기준으로 한다는 점을 꼭 기억하세요.

마지막으로 토지대장에는 '개별공시지가'가 나옵니다. 개별공시지가는 과세표준의 기준금액이 됩니다. 주변 토지에 비해 경매 물건으로 나온 토지의 공시지가가 얼마인지. 실거래가와 공시지가의 차지가 어느 정도 나는지는 미래가치를 따질 때 중요한 요소입니다. 특히 개별공시지가는 매년 오르고 있는 건지, 떨어지고 있는 지를 꼭 살펴보셔야 합니다. 예를 들어 내가 입찰하려는 토지의 공시지가가 매년 오르고 있다면 단순히 말해 미래가치가 밝다는 의미입니다.

지적도

지적도도 살펴봅시다. 지적도에서는 땅의 모양과 경계, 도로(진입로) 여부를 확인합니다.

미래가치에서 토지의 모양은 굉장히 중요합니다. 예를 들어 위에서 내려다 봤을 때 세모 모양의 땅에는 집을 짓기가 힘듭니다. 좋은 땅은 모양이 사각형입니다. 토지대장 상에 100평의 땅이라고 해서 봤더니 긴 엿가락처럼 늘어져 있는 땅이라면 쓸모가 없습니다(실제로 이런 땅이 적지 않습니다). 따라서 개발을 위해서라면 땅의 모양이 굉장히 중요합니다.

진입로 등 도로의 유무도 따져봅시다. 도로가 있는지 없는지 지적도를 보고 확인합니다. 물론 현장탐방을 가서도 확인할 수 있지만 지적도상에 도로가 분명히 있는데 현장에 갔는데 도로가 없는 경우가 있습니다. 이런 땅은 사도 됩니다. 하지만 지적도에는 도로가 없는데 현장 갔더니 도로가 있다면, 이야기 복잡해집니다. 이부분은 뒤에 다시 설명하겠습니다.

경계도 확인합니다. 내가 사려는 땅이 주변 땅과의 경계가 어떻게 되어 있느냐는 민사소송으로 비화되는 경우가 많습니다. 따라서 지적도를 통해 경계 상황을 확인하고, 만약 낙찰 받는다면 경계측량은 반드시 해봐야 됩니다.

현장탐방

공적장부를 통해 토지의 현황을 파악했다면 이제 현장탐방을 떠날 시간입니다. 현장탐방에서는 공적장부에서 확인한 상황이 실제로 맞는지 체크합니다. 그다음으로는 현장에서만 확인이 가능한 정보를 살펴야 겠죠.

현장에서 살펴야 할 요소 : 경사도, 보호수종, 토질, 하천 인접 여부, 도로, 지상물.

경사도

위성사진으로 내려본 지도로는 땅의 경사를 확인하기 어렵습니다. 따라서 현장에 가면 우선 땅의 경사도를 확인합니다.

형질변경은 땅의 모양을 바꾸는 행위를 말합니다. 흙을 쌓는 '성토', 깎아내는 '절토', 아스콘이나 시멘트로 덮는 '포장', 땅을 평평하게 만드는 '정지' 4가지를 형질변경이라고 합니다. 그런데 내 땅을 메우고 포장하는데 허가가 필요한지 헷갈리시죠. 허가를 맡아야 합니다. 예를 들어 내 토지에 흙을 30센티미터 이상 쌓는 것은 해당 시군구청에 허가를 반드시 맡아야 합니다. 이 외에도 땅에 자라는 나무 베어내는 것도 허가를 맡아야 해요. 나무를 베어내면 땅이 벌거숭이가 되겠죠. 이것도 형질을 바꾸는 행위에 해당합니다.

법적으로 15도 이상 경사도가 있는 곳은 형질변경이 어렵습니다.

설혹 형질을 변경한다고 하더라도 집이나 건물을 지을 때 토목공사비가 많이 듭니다. 그렇기 때문에 경사도는 꼭 현장에서 확인해야 합니다.

보호수종

해당 시군구마다 보호수종으로 지정해 놓은 나무가 있습니다. 만약 내가 사려는 땅에 나무가 자란다면 이 나무가 보호수종으로 지정된 것은지 확인해야 합니다. 이렇게 보호 수종으로 지정된 지역은 형질변경이 안됩니다.

특수지역권

예를 들어 설명하겠습니다. 경매로 나온 산이 대대로 마을 사람들이 해마다 송이버섯을 캐서 경제적인 이익을 얻는 곳입니다. 그런데 이걸 모르고 그 땅을 사서 전원주택을 지으려고 합니다. 그러자 마을 사람들이 나서서 개발을 반대하고 군청에 민원을 넣습니다. 누가 이길까요? 관습상 "어느 지역의 주민이 집합체의 관계로 각자가 다른 사람의 토지에서 초목과 야생물 및 토사의 채취 등으로 수익을 얻는 권리를 특수지역권"이라고 규정하고 있습니다. 이렇게 특수지역권이 인정되는 토지는 경매를 하게 되면 낙찰자가 이를 보상해야 합니다.

토질, 토사

암반이 있는 땅은 피해야 합니다. 땅을 파지 못하니 건출물을 올리기 힘들기 때문입니다. 땅 색도 살펴야 합니다. 예를 들어 땅 색깔이 주변과 다르게 유독 거무튀튀하다면 쓰레기가 매립되어 있거나 폐사한 가축이 매장돼 있을 수도 있습니다.

계곡, 하천

계곡이나 하천, 저수지로부터 500미터 정도 떨어져 있는 땅이 좋습니다. 우리나라는 지리적으로 태풍과 집중 호우가 잦습니다. 따라서 자연재해를 입지 않으려면 물가에 너무 인접한 토지는 피하는게 좋습니다. 특히 전원주택을 짓는 등 땅을 실제로 사용할 계획이라면 더더욱 피해야 합니다. 극단적인 예로, 태풍이 지나간 다음 내 땅으로 새로운 물길이 난다면, 하천으로 지정되는 수도 있습니다. 그러면 지목이 바뀌게 돼고 집을 지을 수 없게 됩니다.

현황도로

땅에 인접한 현황 도로가 없으면 건축 인허가가 나지 않습니다. 따라서 진입 도로가 있는지는 현장에서 반드시 확인해야 합니다. 다만, 만약 현장에 갔는데 지적도에는 없는 도로가 있고 그 길이 지역 주민이 오랫동안 통행로로 이용하고 있고 통로로써 지방 자치단체 조례로 정해놓은 경우에는 소유자 동의 없이도 건축 허가를 낼 수 있습니다. 지적도에 없는 진입도로가 있다면 반드시 진입 도로로 지정이 돼 있는지 해당 관청에 가서 확인해야 합니다. 이런 경우에는 건축법 제 45조에 의해서 건축허가를 받아서 건물을 지을 수 있습니다.

지상물

땅 위에 축사, 움막, 창고 등이 있는지 확인합니다. 이런 것들은 권리분석 상 유치권이나 법정지상권이 해당될 수 있습니다.

송전탑

지방에 가면 의외로 송전탑이 지나가는 땅이 있습니다. 이런 땅은 살기도 힘들고 건축허가도 나지 않습니다. 송전탑 여부는 위성지도로 확인이 가능합니다.

그런데 송전탑이 바로 위로 지나가는 땅이 아니더라도 가까운 곳에 송전탑이 있는 땅은 미래가치가 낮습니다. 기찻길에 인접한 땅도 마찬가지 이유로 피해야 합니다.

인접 마을

'나는 자연인이다'에 출연하시는 것이 목적이 아니라면 너무 외진 곳은 미래가치가 없습니다. 떨어져 있다고 하더라도 1.5킬로미터 내에 마음이 있는 땅이어야 합니다.

분묘

분쟁이 가장 많은 사례입니다. 수풀이 우거진 여름 현장을 찾아가면 자칫 분묘 여부를 놓칠 수 있습니다.

지금까지 토지 경매를 위한 미래가치를 목적, 공적장부 확인, 현장탐방이란 흐름을 통해 알아보았습니다. 싼 가격이라고 해서, 주변에서 추천해서, 개발 정보가 있어서 토지 경매나 투자에 무작정 뛰어들어서는 안 됩니다. 분명한 목적을 가지고 이에 맞는 미래가치를 장부와 현장에서 확인해야 투자에 성공할 수 있다는 점을 꼭 기업하시길 바랍니다.

사례: 오래된 건물을 수리해 카페로 탈바꿈하다

H씨는 서울에서 사업을 하고 있지만, 언젠가 제주도에 카페를 차리는 게 꿈이다. 틈날 때마다 제주 해변 구석구석을 돌며 카페 사장님이 된 자신의 모습을 상상해왔다. 경매로 땅이 딸린 주택을 구입해 1층은 커피숍으로, 2층은 실거주용 주택으로 사용하는 것이 목표. 발품을 판 끝에 원하던 토지(3349㎡ · 약 1,013평, 제주지방법원 사건번호 2018-3689)를 발견했다. 위치는 제주도 한경면 용수리 주변. 관광 코스로 유명한 올레길 12코스와 붙어있는 곳이어서 마음에 쏙 들었다. 과연 이곳은 미래가치가 있을까?

먼저 등기부를 확인해 봅시다. ①1순위 근저당권, 2순위 경매개시결정(임의경매)이 전부입니다. 등기부에 공시되는 모든 권리는 경매로 소멸됩니다. 매수인이 인수하는 권리는 없습니다.

최초감정가는 3억 5,592만원. 제주도에 사는 H씨의 친구는 '이만하면 주변 시세보다 저렴한 물건'이고 했습니다. H씨는 친구의 말을 듣고 경매에 참여했습니다. 과연 올바른 결정일까요?

첫 경매에 나서는 이들은 H씨처럼 권리관계만 따지곤 합니다. 매수인이 인수해야 하는 복잡한 권리만 없으면 별 의심 없이 경매에 참여합니다. 하지만 경매에 참여할 때 가장 중요하게 따져야 할 것은 미래가치입니다. 경매를 통해 시세보다 싸게 매수하는 것도 중요

2018 타경 3689

 ☆ 관심 🗐 입찰표 🖶

제주특별자치도 제주시 한경면 용수○○○○ 외 2필지	감정가 (18.06.28) 355,927,000원
도로명주소 다음지도 네이버지도 도시계획지도	최저입찰가 355,927,000원
	신입보증금 (10%) 35,592,700원

토지이용계획 사진보기 토지등기 감정평가서 현황조사서 매각물건명세서 경매진행내역 예상배당

담당계:제주지방법원 본원 1계(064-729-2151)

매각기일	경매개시결정일	배당요구종기일	
2019-03-18 (10:00)	2018-06-11	2018-09-11	
물건종류	건물면적	토지면적	
전		3349㎡ (1,013평)	
채무자 / 소유자		특수권리 / 물건	
강○○ / 송○○			

토지등기

	접수일자	권리종류	권리자	채권금액	비고	소멸
①	2010-11-16	근저당권	고○○	300,000,000원	**기준권리**	소멸
	2018-06-11	임의경매	고○○	300,000,000원		소멸

기타사항 ☞ 용수리 4625 토지 등기부상

주의사항 ☞ 농지취득자격증명 필요함(농지취득자격증명 미제출시 매수신청보증금 반환하지 아니함)

하지만, 미래가치를 고려하지 않은 매수는 실패할 확률이 높습니다.

특히 토지를 경매로 살 때는 현장탐방을 통해 미래가치와 더불어 공법상 규제가 없는지 확인해야 합니다. 토지에 걸린 규제사항은 토지이용계획확인서를 통해 확인할 수 있지만 현장탐방을 통해서만 확인할 수 있는 정보도 많습니다.

H씨의 경우에는 경매 토지에 상가 주택을 신축하거나 증축할 수 있는지부터 확인해야 합니다.

토지이용계획 확인서

소재지	제주특별자치도 제주시 한경면 용수리 4625번지			
지목	전 ⑦		면적	2,549 ㎡
개별공시지가(㎡당)	37,200원 (2022/01) **연도별보기**			
지역지구등 지정여부 ②	「국토의 계획 및 이용에 관한 법률」에 따른 지역·지구등	보전녹지지역 , 특화경관지구		
	다른 법령 등에 따른 지역·지구등	가축사육제한구역(전부제한구역)<가축분뇨의 관리 및 이용에 관한 법률>, 역사문화환경보존지역<문화재보호법>, 상대보전지역(저촉)<제주특별자치도 설치 및 국제자유도시 조성을 위한 특별법>, 절대보전지역(저촉)<제주특별자치도 설치 및 국제자유도시 조성을 위한 특별법>, 건축계획심의대상구역(건축계획심의대상구역)(저촉)<제주특별자치도 설치 및 국제자유도시 조성을 위한 특별법>		
	「토지이용규제 기본법 시행령」 제9조 제4항 각 호에 해당되는 사항			
확인도면				

범례
- □ 건축계획심의대상구역
- ▣ 절대보전지역
- □ 상대보전지역
- □ 보전산지
- □ 공익용산지
- □ 국가지정문화재구역
- □ 역사문화환경보존지역
- ▣ 보전녹지지역
- ▣ 자연녹지지역
- □ 자연경관지구
- ■ 특화경관지구
- □ 법정동

□ 작은글씨확대 축척 1 / 1200 ∨ **변경** **도면크게보기**

해당 물건의 ②토지이용계획확인서를 보면 '보전녹지지역 및 특화경관지구, 문화재보존영향 검토대상구역'으로 지정되어 있습니다. 제주특별자치도 도시계획 조례는 보전녹지지역에서 3층 이하의 건물을 세우는 것을 허용하고 있습니다. 제1종 근린생활시설로 쓰이는 바닥 면적의 합계가 500㎡ 미만이면 신축도 가능합니다.

문제는 특화경관지구입니다. 특화경관지구에는 건축물 신축을 엄격히 제한하고 있어 상업시설뿐 아니라 거의 모든 건축물을 지을 수 없습니다. 주택을 세운다 해도 다중주택 또는 다가구주택은 신축할

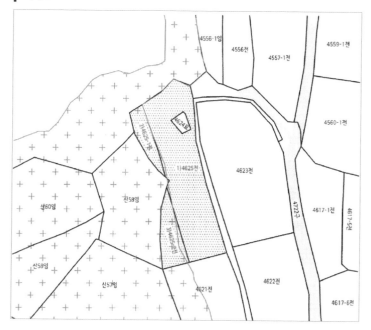

수 없고 오직 단독주택만 지을 수 있습니다(제주특별자치도 도시계획 조
례 별표 28의2 참조).

③지적도를 확인해보면 땅 한 가운데에 분묘까지 있습니다. 경
매로 나온 땅과 관련 없는 다른 사람 소유의 분묘입니다. 분묘의 경
우 지적도나 항공사진에 등장하지 않더라도 현장을 찾아 반드시 확
인해야 합니다. 서류에 존재하지 않는 분묘가 있는 경우가 적지 않
습니다. 분묘가 있다면 토지를 사용하는 데 제한이 따를 수밖에 없
습니다. 결론적으로 H씨가 입찰한 땅에 커피숍을 차리는 것은 불

가능합니다.

원하던 입지의 부동산이 경매에 나왔다고 섣불리 매수하기보다 원하는 대로 토지 활용을 할 수 있는지 여부와 부동산 자체의 미래 가치를 먼저 확인해야 한다는 사실을 명심합시다.

부동산 재벌들

초판 1쇄 인쇄 2022년 8월 31일
초판 1쇄 발행 2022년 9월 10일

지은이 고준석
펴낸이 유정연

이사 김귀분
책임편집 신성식 **기획편집** 조현주 심설아 유리슬아 이가람 서옥수 **디자인** 안수진 기경란 디자인붐
마케팅 이승헌 반지영 박중혁 김예은 **제작** 임정호 **경영지원** 박소영

펴낸곳 흐름출판 **출판등록** 제313-2003-199호(2003년 5월 28일)
주소 서울시 마포구 월드컵북로5길 48-9(서교동)
전화 (02)325-4944 **팩스** (02)325-4945 **이메일** book@hbooks.co.kr
홈페이지 http://www.hbooks.co.kr **블로그** blog.naver.com/nextwave7
출력·인쇄·제본 성광인쇄 **용지** 월드페이퍼(주)

ISBN 978-89-6596-527-5 13320

살아가는 힘이 되는 책 흐름출판은 막히지 않고 두루 소통하는 삶의 이치를 책 속에 담겠습니다.